MEMULIHKAN NYALA API

GERAKAN IMAN (WORD OF FAITH)

DAN DASAR-DASAR ALKITABIAHNYA

Sebuah Perjalanan Menelusuri Sejarah, Doktrin, Pembedaan Rohani, dan Pembaruan yang Berpusat pada Kristus

Dr. Danny R. Hermanus, DIT, Ph.D.

"Sebab segala sesuatu adalah dari Dia, dan oleh Dia, dan kepada Dia: Bagi Dialah kemuliaan sampai selama-lamanya! Amin."
—Roma 11:36, TB 1974

Diterbitkan secara independen

Imprint: Independently published

Kutipan Alkitab dalam edisi bahasa Indonesia menggunakan Alkitab Terjemahan Baru (TB 1974), kecuali apabila dinyatakan lain.

Perangkat kecerdasan buatan digunakan secara terbatas dalam buku ini untuk membantu struktur, pengorganisasian, penyuntingan, penerjemahan, dan penyajian visual. Namun penulis tetap bertanggung jawab penuh atas isi teologis, refleksi pribadi, penafsiran, dan naskah akhir.

REKOMENDASI

—Ps. Andreas Rahardjo, Gembala Senior / MDC Surabaya, Indonesia

"Untuk membakar ribuan hektare hutan, tidak diperlukan api yang besar. Bahkan nyala api kecil pun dapat melakukannya. Doa saya adalah agar Anda menerima api dari Roh Kudus ketika membaca halaman demi halaman Memulihkan Nyala Api. *Saya telah mengenal Danny Hermanus selama bertahun-tahun, dan saya tahu bahwa ia menulis buku ini dari hatinya. Kiranya para pembaca menerima api Roh Kudus, sehingga karya Allah melalui mereka menjadi semakin nyata dan luar biasa."*

—Ps. Dr. Fredy Liwang, Gembala Senior / City Blessing Ministries, Orlando

"Buku Dr. Danny Hermanus tentang Memulihkan Nyala Api, *Gerakan Iman (Word of Faith) dan Dasar-Dasar Alkitabiahnya, ditulis dengan sangat baik! Ia membagikan kisah pribadi, wawasan pelayanan, dan perspektif yang berpusat pada Kristus yang akan memperdalam pemahaman Anda mengenai karya Roh Kudus—serta pengharapan untuk memulihkan nyala api-Nya bagi gereja. Anda akan menyukainya!"*

—Ps. Tom Lay, Gembala / City Blessing Church of Walnut, California

"Memulihkan Nyala Api" *karya Dr. Danny R. Hermanus adalah buku yang luar biasa dan tepat waktu, yang seharusnya dibaca oleh setiap orang percaya. Dengan kejernihan yang luar biasa, Dr. Hermanus dengan terampil merajut sejarah gereja, doktrin alkitabiah yang sehat, pengalaman pribadi, dan karya Roh Kudus yang dinamis menjadi satu pesan yang kuat.*

Buku ini melakukan jauh lebih banyak daripada sekadar menyampaikan pengetahuan—buku ini menyalakan kelaparan rohani. Buku ini bukan hanya membangun dasar alkitabiah dan teologis yang kuat, tetapi juga membawa impartasi yang menginspirasi pembaca untuk mengalami Roh Kudus secara segar dan pribadi. Saat Anda membacanya, Anda akan ditantang, diperlengkapi, dan dikuatkan untuk memulihkan api iman Anda serta berjalan dalam kepenuhan tujuan Allah. Saya dengan sepenuh hati merekomendasikan Memulihkan Nyala Api *kepada setiap orang percaya yang ingin memperdalam pemahaman mereka tentang Roh Kudus dan mengalami pembaruan rohani yang sejati."*

—Peter Tan, Pemimpin Seksi / City Blessing Church of Walnut, California

"Sebuah kesaksian yang menginspirasi dan akan memenuhi Anda dengan api Allah untuk kebangunan rohani yang akan datang."

—Ps. Dr. Davy R. Hermanus, Ph.D., Gembala / Gereja Berkat Bagi Bangsa, Bandung, Indonesia

"Pembaruan tidak dihasilkan melalui karisma, kebaruan, atau ambisi keagamaan. Pembaruan dipelihara oleh Roh Allah dan berakar dalam ketaatan kepada Kristus." Keyakinan inilah yang menjadi inti Memulihkan Nyala Api.

Buku ini menelusuri nyala api Roh Kudus dari Kitab Kisah Para Rasul hingga sejarah gereja. Buku ini menunjukkan bahwa iman yang diberdayakan Roh, kebenaran alkitabiah, kekudusan, keberanian, dan misi tetap penting dalam setiap generasi. Buku ini juga memperingatkan bahwa nyala api dapat meredup ketika keteraturan yang sehat mengeras menjadi kontrol, vitalitas digantikan oleh formalisme kosong, dan karunia-karunia Roh diperlakukan sebagai ancaman, bukan sebagai anugerah yang harus dikelola dengan setia.

Karya yang tepat waktu, seimbang, dan berpusat pada Kristus ini menawarkan lebih dari sekadar sejarah dan teologi. Buku ini memanggil gereja kepada pembedaan rohani dan pembaruan. Saya dengan hangat mendorong para gembala, pemimpin, pelajar, dan setiap orang percaya yang merindukan karya Roh Kudus yang lebih dalam untuk membacanya dengan hati yang terbuka dan pikiran yang penuh pembedaan.

DEDIKASI

Kepada Yesus Kristus,
sumber setiap nyala api yang sejati,
Gembala yang setia bagi gereja-Nya,
dan Pribadi yang masih memanggil umat-Nya
untuk kembali, bertobat, dan menyala terang kembali.
Kepada keluarga saya—
istri terkasih saya Rima,
semua anak saya Kezia, Gerrit, dan Sam;
menantu laki-laki saya Adriel;
menantu perempuan saya Abigail dan Thezia;
serta cucu-cucu saya Zane, Melody, Seth,
dan si kecil yang masih dalam kandungan.
Kepada orang tua saya, Eddy Hermanus dan Helena Polak,
kepada semua saudara laki-laki dan perempuan saya,
dan kepada keluarga besar Hermanus,
yang kesabaran, dorongan, dan dukungannya
telah membantu membuat perjalanan ini menjadi mungkin.
Kepada saudara-saudari saya di dalam Kristus,
terutama para anggota care cell, pemimpin,
dan para gembala City Blessing Church,
serta semua pengikut Yesus Kristus yang setia di Indonesia,
yang kasih, doa, dan teladannya
telah membantu menjaga nyala api tetap menyala.
Kiranya buku ini membangkitkan hati
untuk mencari Yesus dengan lebih dalam,
untuk mengasihi Firman-Nya dengan lebih sepenuh hati,
dan untuk berjalan dalam kuasa
serta kekudusan Roh Kudus.

KATA PENGANTAR

Saya menulis buku ini dengan bersyukur, berkeyakinan, dan berdasarkan perjalanan bertahun-tahun bersama Tuhan Yesus Kristus (Kol. 2:6; Gal. 2:20). Buku ini bukan hanya usaha untuk menggambarkan suatu gerakan, membela suatu penekanan teologis, atau mengunjungi kembali perdebatan lama. Lebih dalam daripada itu, buku ini merupakan panggilan untuk kembali kepada nyala api Kristus yang hidup (Why. 2:4–5). Selama bertahun-tahun, saya menyaksikan bagaimana Roh Kudus membangunkan iman, memperdalam kasih terhadap Kitab Suci, memulihkan kelaparan rohani, dan menguatkan orang percaya biasa untuk bersaksi (Yoh. 14:26; Kis. 1:8). Itulah beban di balik halaman-halaman buku ini.[1]

Beban ini bersifat teologis sekaligus pribadi. Saya menerima Tuhan ketika masih remaja di Manado, Indonesia, sesudah membaca sebuah traktat yang kecil dan sederhana dan menerima Kristus sebagai Tuhan dan Juru Selamat saya (Yoh. 3:3; Ef. 2:8–9). Kemudian, di Surabaya, saya mengalami baptisan Roh Kudus yang mengubah arah hidup saya (Kis. 1:5; Kis. 2:4). Lalu pada tahun 1995, ketika api yang berkaitan dengan pembaruan Toronto Blessing menyebar ke banyak bangsa, api itu juga menjangkau kami di Manado. Para gembala dan penginjil yang mengalami karya Roh di Toronto pada waktu itu biasanya membawa kembali api tersebut ke gereja-gereja lokal. Dalam sebuah pertemuan di gereja kami, dua penginjil memberikan panggilan altar setelah memberikan kesaksian bagaimana mereka mengalami lawatan Tuhan di Toronto Pada waktu itu maju kedepan sambil berdoa di dalam hati saya, "Tuhan, saya mau tetap berdiri disini sampai Engkau menjamah saya," seperti Yakub yang memegang tangan Tuhan sampai Tuhan memberkati dia (Kej. 32:26). Tiba-tiba saya merasa seolah-olah angin kencang mendorong tubuh saya dengan sangat kuat. Tubuh saya mulai bergerak di luar kendali, tetapi saya tetap sepenuhnya sadar. Selama kira-kira tiga puluh menit, saya bergumul dengan Tuhan dalam hati saya dan memanggil saya untuk menyerah serta mengikuti-Nya secara total. Sejak saat itu, cara pandang saya berubah total. Saya dipenuhi Roh dalam cara yang baru, dan selama hampir tiga bulan saya menghabiskan waktu yang panjang bersama Tuhan dalam doa untuk mencari petunjuk arah kehidupan saya. Dari musim itu, Tuhan mulai memakai beberapa orang dari antara kami untuk memberitakan Injil di banyak tempat, sebagaimana gereja mula-mula pergi dalam kuasa Roh Kudus (Kis. 1:8; Kis. 4:31).[2]

Sejak itu, Tuhan terus menyalahkan api tersebut melalui para gembala, mentor, pengajar, buku, khotbah, persahabatan, pengalaman pelayanan, dan doa pribadi dan pertemuan-pertemuan doa (2 Tim. 1:6–7). Saya tidak menulis buku ini sebagai pengamat jarak jauh. Tetapi sebagai orang yang telah melihat melihat dan mengalami keindahan sekaligus kerentanan pembaruan.

Saya juga belajar bahwa setiap kali gereja berbicara mengenai iman, kesembuhan, karunia rohani, kebangunan rohani, atau kuasa Roh Kudus, Kitab Suci memanggil kita untuk memegang pengharapan dan pembedaan rohani secara bersama-sama (Mrk. 11:22–24; 1 Kor. 12:4–11; Mzm. 85:6). Salah satu bahaya adalah sikap dingin: Kekristenan yang terlalu berhati-hati sehingga hampir tidak menyisakan ruang bagi pengharapan, kekaguman, atau ketergantungan kepada Roh (1 Tes. 5:19). Bahaya lainnya adalah sikap berlebihan: bentuk kerohanian yang menjauh dari Kitab Suci, kerendahan hati, kekudusan, penderitaan, dan pertanggungjawaban (1 Yoh. 4:1; 1 Ptr. 1:15–16). Buku ini ditulis di dalam kerentanan antara kedua bahaya tersebut.[3]

Karena itu, buku ini bukan tentang mempertahankan kegairahan keagamaan. Buku ini bukan argumen bagi pembaharuan, sensasi, atau gaya kerohanian (1 Kor. 2:1–5). Buku ini juga tidak menolak kerinduan sejati bagi setiap orang yang telah membawa banyak orang percaya kepada gerakan-gerakan pembaruan (Mat. 5:6). Tujuan saya bersifat pastoral dan alkitabiah: memanggil gereja untuk kembali kepada Yesus Kristus, sumber setiap kebangunan yang sejati, Tuhan atas gereja-Nya, Pribadi yang melalui-Nya Roh Kudus dicurahkan (Kol. 1:18; Yoh. 16:7; Kis. 3:19).[4]

Judul Memulihkan Nyala Api mengungkapkan beban tersebut. Saya percaya Kristus tetap dan sedang memulihkan apa yang telah menjadi lemah, diabaikan, disimpangkan, atau dingin di dalam umat-Nya (Mzm. 23:3; Hos. 6:1–2). Pemulihan itu tidak datang hanya melalui keinginan manusia. Pemulihan datang melalui pertobatan, iman, doa, Kitab Suci, ketaatan, karya Roh Kudus, dan pandangan yang diperbarui kepada Yesus sendiri (Kis. 3:19; Kis. 2:42; Yoh. 14:15). Nyala api bukan sesuatu yang kita hasilkan. Nyala api adalah sesuatu yang kita terima, pelihara, jaga, dan teruskan (2 Tim. 1:6; Yud. 3).[5]

Buku ini ditulis bagi setiap orang yang percaya yang lapar akan hal-hal yang besar dari Tuhan tapi juga merindukan kedewasaan rohani (Mzm. 42:1–2; Ef. 4:13–15). Buku ini ditujukan kepada pembaca yang menghargai iman, kesembuhan, doa, penyembahan, dan karunia-karunia Roh, tetapi ingin agar tema-tema tersebut berakar dalam Kitab Suci, kerendahan hati Kristus, kenyataan penderitaan, serta disiplin pembedaan rohani (Ibr. 4:12; Flp. 2:5–8; Rm. 8:17; 1 Tes. 5:21). Buku ini juga ditulis dengan beban khusus bagi para gembala, penatua, perintis gereja, pemimpin kelompok kecil, mentor, pendoa syafaat, dan pelatih pelayanan yang menggembalakan umat Allah melalui musim pembaruan dan ketegangan.[6]

Doa saya adalah agar halaman-halaman ini menjadi panduan teologis yang praktis: menjelaskan penekanan Word of Faith, membahas kritik secara seimbang, dan menawarkan jalan yang berpusat pada Kristus serta berakar dalam Kitab Suci untuk menghidupi nyala api dalam kehidupan sehari-hari, komunitas, pemuridan, kesaksian, dan lintas generasi. Saya berdoa agar buku ini melakukan lebih daripada sekadar memberi informasi kepada pikiran tapi saya berdoa agar buku ini membangunkan hati (Ef. 1:17–18). Saya berharap setiap pembaca lebih lagi mengasihi Yesus, lebih mempercayai Firman-Nya, menyambut Roh Kudus dengan lebih rendah hati, dan hidup sedemikian rupa sehingga kehidupan Kristus kembali terlihat di dalam hati, rumah, gereja, dan komunitas (Yoh. 14:21; Kol. 3:16; Mat. 5:16).[7]

CATATAN KATA PENGANTAR

1. Refleksi pastoral berdasarkan pemuridan pribadi, pengalaman pelayanan, dan keterlibatan dengan gerakan-gerakan pembaruan.

2. Kesaksian pribadi penulis yang menggambarkan perjalanan pertobatan dan pembaruan dalam Roh Kudus.

3. Analisis teologis terhadap gerakan pembaruan kontemporer yang berusaha menyeimbangkan nasihat alkitabiah mengenai iman dan pembedaan rohani.

4. Kerangka pembaruan yang berpusat pada Kristus, dengan menekankan keutamaan Yesus dan karunia Roh.

5. Metafora "nyala api" menggambarkan pembaruan di dalam gereja yang diberdayakan Roh dan berpusat pada Kristus.

6. Penjelasan mengenai pembaca sasaran dan tujuan pastoral buku.

7. Doa pastoral dan tujuan bagi dampak buku terhadap pembaca.

DAFTAR ISI

PENDAHULUAN

MENGAPA NYALA API ITU PENTING

"Ia melarang mereka meninggalkan Yerusalem, dan menyuruh mereka tinggal di situ menantikan janji Bapa, yang—demikian kata-Nya—telah kamu dengar dari pada-Ku. Sebab Yohanes membaptis dengan air, tetapi tidak lama lagi kamu akan dibaptis dengan Roh Kudus."
—Kisah Para Rasul 1:4–5, TB 1974

Ada masa-masa ketika gereja tampak aktif dari luar, tetapi menjadi lemah di dalam (Why. 3:1–2). Khotbah tetap disampaikan. Konferensi tetap diselenggarakan. Pelayanan tetap berjalan. Musik, perdebatan, program, dan berbagai kegiatan yang terlihat dapat memenuhi kalender gereja. Namun di balik semua itu masih dapat tersembunyi kehidupan doa yang melemah, keletihan, kebingungan, kompromi, ketakutan, atau hilangnya kasih yang semula (Why. 2:4–5; Mat. 23:27–28). Saya menulis buku ini untuk masa-masa seperti itu karena saya percaya Yesus Kristus masih memanggil gereja-Nya kepada sesuatu yang lebih daripada agama yang dijalankan sebagai rutinitas, lebih daripada penampilan lahiriah, dan lebih daripada perdebatan teologis tanpa kehidupan rohani (Yoh. 15:4–5; 2 Tim. 3:5).[1]

Di pusat buku ini terdapat satu keyakinan sederhana: nyala api yang perlu dipulihkan adalah nyala api mula-mula yang dijanjikan Yesus sebelum Ia naik ke surga. Setelah kebangkitan-Nya, Yesus menampakkan diri kepada banyak orang, bahkan kepada lebih dari lima ratus saudara sekaligus (1 Kor. 15:6). Seperti dinyatakan dalam ayat pembuka, Ia menyuruh para pengikut-Nya menantikan janji Bapa—baptisan dengan Roh Kudus. Kemudian Ia menjelaskan tujuan janji itu:

"Kamu akan menerima kuasa, kalau Roh Kudus turun ke atas kamu, dan kamu akan menjadi saksi-Ku ... sampai ke ujung bumi."
—Kisah Para Rasul 1:8, TB 1974

Janji itu bukanlah rincian tambahan yang tidak penting. Janji itu berdiri di pusat misi Kristus bagi gereja-Nya (Luk. 24:49; Yoh. 20:21–22).[2]

Kitab Kisah Para Rasul menunjukkan bahwa sekalipun banyak orang telah melihat Kristus yang bangkit, hanya sekelompok kecil yang menantikan bersama-sama dalam doa dan pengharapan sebelum hari Pentakosta. Di ruang atas itu, "jumlah mereka kira-kira seratus dua puluh orang" (Kis. 1:15). Ketika hari Pentakosta tiba, mereka "semua berkumpul di satu tempat" (Kis. 2:1). Kemudian Roh yang dijanjikan itu datang:

"Tiba-tiba turunlah dari langit suatu bunyi seperti tiupan angin keras ... dan tampaklah kepada mereka lidah-lidah seperti nyala api yang bertebaran dan hinggap pada mereka masing-masing. Maka penuhlah mereka dengan Roh Kudus."

—Kisah Para Rasul 2:2–4, TB 1974

Sejak saat itu, kisah gereja memasuki tahap yang baru. Ketakutan digantikan oleh keberanian. Petrus berdiri dan memberitakan Kristus dengan terbuka (Kis. 2:14–36). Ia memanggil orang banyak untuk memberikan tanggapan:

"Bertobatlah dan hendaklah kamu masing-masing memberi dirimu dibaptis dalam nama Yesus Kristus untuk pengampunan dosamu, maka kamu akan menerima karunia Roh Kudus."

—Kisah Para Rasul 2:38, TB 1974

Injil diberitakan dengan penuh kesungguhan, dan gereja mulai hidup sebagai umat yang menyembah, berdoa, bersaksi, serta dipenuhi Roh Kudus:

"Mereka bertekun dalam pengajaran rasul-rasul dan dalam persekutuan. Dan mereka selalu berkumpul untuk memecahkan roti dan berdoa."

—Kisah Para Rasul 2:42, TB 1974

Gambaran ini memberikan dasar alkitabiah bagi pendahuluan ini: nyala api itu bermula dari janji Kristus, kepenuhan Roh Kudus, kesaksian para rasul, pertobatan, serta kehidupan bersama yang bertekun dalam pengajaran, persekutuan, penyembahan, dan doa.[3]

Itulah nyala api yang hendak dipulihkan melalui buku ini. Nyala api itu bukan sekadar emosi, sensasi, atau kegairahan religius demi kegairahan itu sendiri. Nyala api itu adalah kehadiran dan kuasa Roh Kudus yang dijanjikan, diberikan oleh Yesus Kristus untuk kesaksian, kekudusan, doa, keberanian, pertobatan, persekutuan, dan kehidupan Kristus yang menjadi nyata di dalam umat-Nya (Kis. 1:8; Kis. 4:31; Gal. 5:22–23). Nyala api itu adalah gereja yang hidup di bawah ketuhanan Yesus dan diberdayakan oleh Roh Allah (Kol. 1:18; Rm. 8:14).[4]

Dalam perjalanan sejarah gereja, nyala api itu tidak pernah hilang sepenuhnya, tetapi sering kali meredup. Setelah generasi para rasul, termasuk Paulus, berlalu, gereja tetap bertahan, tetapi ketajaman api rohaninya tidak selalu terpelihara dengan cara yang sama (Kis. 20:29–32; 2 Tim. 1:6–7). Meskipun demikian, berulang kali Allah membangkitkan laki-laki dan perempuan yang memanggil umat-Nya kembali kepada doa, pertobatan, kekudusan, Kitab Suci, iman, misi, dan ketergantungan kepada Roh Kudus (2 Taw. 7:14; Mzm. 85:6; Why. 3:19). Nyala api itu tidak diciptakan kembali dari awal. Nyala api itu dikunjungi kembali, dipulihkan, dan dikobarkan kembali.[5]

Itulah sebabnya sejarah pembaruan rohani penting. Gereja perlu mengingat bukan hanya bagaimana nyala api itu bermula, melainkan juga bagaimana Allah kembali mengobarkannya pada masa-masa kekeringan dan kemerosotan. Kitab Suci dengan jelas menyatakan tanggung jawab antar generasi ini:

"Kami tidak hendak sembunyikan kepada anak-anak mereka, tetapi kami akan ceritakan kepada angkatan yang kemudian puji-pujian kepada TUHAN dan kekuatan-Nya dan perbuatan-perbuatan ajaib yang telah dilakukan-Nya."
—Mazmur 78:4, TB 1974

Namun sejarah kebangunan rohani juga mengajarkan pelajaran lain: hampir setiap upaya untuk memulihkan nyala api telah mengundang kritik. Dalam banyak kasus, khususnya dari kalangan injili, kritik-kritik itu mengemukakan kekhawatiran serius mengenai ketidakseimbangan doktrin, pengajaran kemakmuran, otoritas yang dibesar-besarkan, klaim mukjizat yang tidak diuji, dan dampak pastoral yang merugikan. Kekhawatiran semacam itu tidak boleh diabaikan.

Semuanya perlu didengarkan dengan saksama dan ditimbang dengan jujur, sebab Kitab Suci memerintahkan:

"Ujilah segala sesuatu dan peganglah yang baik."
—1 Tesalonika 5:21, TB 1974

Kitab Suci juga memperingatkan:

"Saudara-saudaraku yang kekasih, janganlah percaya akan setiap roh, tetapi ujilah roh-roh itu, apakah mereka berasal dari Allah."
—1 Yohanes 4:1, TB 1974

Pada saat yang sama, kegagalan, penyimpangan, atau kelemahan sebagian pemimpin tidak membatalkan kebenaran janji Kristus. Semua itu tidak meniadakan Pentakosta atau menghapus kesaksian alkitabiah bahwa Yesus memberikan Roh Kudus kepada umat-Nya dan memperlengkapi mereka dengan kuasa untuk menjadi saksi (Luk. 11:13; Kis. 2:39). Salah satu beban utama buku ini adalah membedakan nyala api mula-mula dari berbagai penyimpangan yang kadang-kadang melekat pada upaya untuk memulihkannya. Jawaban terhadap penyalahgunaan bukanlah meninggalkan semuanya. Jawabannya adalah pembedaan rohani, kerendahan hati, pengujian berdasarkan Alkitab, dan kembali dengan segar kepada Yesus Kristus sendiri (Ibr. 12:1–2; Flp. 2:5–8).[7]

Karena itu, buku ini bukan hanya pembelaan terhadap suatu gerakan ataupun kritik terhadap gerakan tersebut. Buku ini berusaha membawa pembaca kembali kepada permulaan: kepada janji Kristus, kepada Pentakosta, kepada gereja mula-mula, lalu bergerak maju menelusuri sejarah panjang pembaruan rohani, doktrin, koreksi, praktik, kesaksian, pemuridan, dan pembedaan rohani (Kis. 1:8; Kis. 2:42; Ef. 4:11–16). Pertanyaannya bukan hanya apakah gerakan-gerakan yang muncul kemudian benar atau salah dalam setiap perinciannya. Pertanyaan yang lebih dalam adalah apakah gereja masa kini masih hidup dalam kuasa, kemurnian, kerendahan hati, dan misi dari nyala api mula-mula itu (Mi. 6:8; 1 Ptr. 1:15–16).[8]

Alur buku ini disusun dengan sengaja untuk mengikuti beban tersebut. Bab 1 dimulai dengan asal-usul, menelusuri nyala api dari

Kisah Para Rasul melalui Pentakosta, kehidupan gereja mula-mula, dan sejarah pembaruan rohani yang lebih luas (Kis. 1–2). Bab 2 beralih kepada ajaran-ajaran inti yang sering dikaitkan dengan Gerakan Iman (Word of Faith), khususnya iman, pengakuan, dan otoritas, serta menanyakan bagaimana tema-tema itu seharusnya dipahami di bawah ketuhanan Kristus dan otoritas Kitab Suci (Rm. 10:17; Kol. 1:18; 2 Tim. 3:16–17). Bab 3 mendengarkan dengan saksama kritik-kritik injili, termasuk kekhawatiran lama dan baru mengenai pengajaran kemakmuran, pengakuan yang bersifat formula, otoritas yang dibesar-besarkan, dan dampak pastoralnya. Bab 4 kemudian menanyakan bagaimana nyala api itu dapat dijaga tetap murni sehingga pembaruan rohani tetap alkitabiah, berpusat pada Kristus, dan membawa kehidupan, bukan menjadi menyimpang atau tidak stabil (1 Tes. 5:21–22).[9]

Bab 5 bergerak dari teologi menuju praktik dengan menanyakan apa artinya menghidupi nyala api setiap hari melalui doa, penyembahan, kekudusan, doa bagi kesembuhan, ketekunan, dan kebiasaan-kebiasaan ketaatan yang sederhana (Kis. 2:42; Rm. 12:1–2; Yak. 5:14–15). Bab 6 memperluas pandangan dari kehidupan pribadi kepada kehidupan bersama dengan membahas nyala api dalam komunitas. Bab ini menunjukkan bahwa pembaruan rohani tidak pernah dimaksudkan untuk menjadi pengalaman yang terisolasi atau individualistis, melainkan dinyatakan melalui persekutuan, kesatuan, pelayanan pastoral, karunia-karunia rohani, dan pertanggungjawaban di dalam tubuh Kristus (1 Kor. 12:12–27; Ef. 4:1–16). Bab 7 membangun di atas dasar itu dengan berfokus pada pemuridan. Jika Bab 5 menggambarkan kehidupan sehari-hari dari nyala api dan Bab 6 kehidupan komunal dari nyala api, Bab 7 menanyakan bagaimana nyala api itu dibentuk, diajarkan, diteguhkan, dan dimatangkan melalui pengajaran, pendampingan, ketaatan, serta pertumbuhan dalam kebenaran (Mat. 28:19–20; 2 Tim. 2:2).[10]

Bab 8 mengarahkan pandangan keluar kepada kesaksian. Roh yang sama yang memperbarui orang percaya juga mengutus mereka, dan gereja yang menyala dengan kehidupan Kristus harus bersaksi tentang Dia di rumah, tempat kerja, lingkungan sekitar, pelayanan, tindakan belas kasih, dan kesaksian publik (Kis. 1:8; Mat. 5:14–16). Bab 9 membawa visi keluar itu melintasi waktu dengan mempertimbangkan bagaimana nyala api diteruskan dari generasi ke generasi. Bab ini membahas keluarga, pendampingan, peran orang percaya yang lebih tua dan lebih muda, serta tanggung jawab gereja untuk meneruskan iman yang hidup, bukan sekadar ingatan keagamaan (Ul. 6:6–7; Mzm. 145:4; 2 Tim. 2:2). Bab 10 menutup bagian utama buku dengan membahas salah satu tema yang paling diperlukan dalam setiap percakapan mengenai pembaruan rohani: pembedaan rohani. Bab ini mempertimbangkan doktrin, kerendahan hati, pengujian, pertanggungjawaban, dan perlunya menjaga nyala api agar apa yang sungguh-sungguh berasal dari Allah tetap jelas, sehat, dan berbuah (1 Yoh. 4:1; 1 Tes. 5:21). Tanpa bab tersebut, buku ini berisiko berakhir hanya dalam kegairahan. Dengan bab itu, visi yang lebih besar menjadi lengkap: nyala api diterima, dihidupi, dibagikan, diajarkan, diteruskan, dan dijaga.[11]

Kesimpulan membawa seluruh tema ini kembali kepada pusatnya yang sejati, yaitu Yesus Kristus, Pribadi yang bukan hanya menjadi sumber nyala api, melainkan juga ukuran, pemurni, dan tujuannya (Ibr. 12:2; Kol. 1:15–20). Lampiran-lampiran disertakan untuk penggunaan praktis: membantu pembaca menanggapi Injil, mencari kepenuhan Roh Kudus, melayani orang lain, melakukan refleksi dalam diskusi, dan terus bertumbuh melalui bacaan lebih lanjut (Rm. 10:9–13; Luk. 11:13; 2 Tim. 3:16–17). Harapan saya bukan sekadar agar pembaca menyetujui suatu argumen, menerima sebuah label, atau membela sebuah tradisi. Harapan saya adalah agar mereka mendengar sebuah panggilan: kembali kepada Yesus Kristus, mempercayai Firman-Nya, menyambut Roh Kudus, menguji segala sesuatu dengan rendah hati, dan hidup sedemikian rupa sehingga kehidupan Kristus kembali terlihat.

Yesus berkata:

"Barang siapa memegang perintah-Ku dan melakukannya, dialah yang mengasihi Aku."

—Yohanes 14:21, TB 1974

Ia juga mengajarkan:

"Demikianlah hendaknya terangmu bercahaya di depan orang, supaya mereka melihat perbuatanmu yang baik dan memuliakan Bapamu yang di sorga."

—Matius 5:16, TB 1974

Apabila gereja hendak kembali menyala dengan terang, gereja harus memulainya dari tempat gereja pertama kali memulai pelayanannya dalam kuasa: bersama Yesus, janji-Nya, Roh-Nya, dan misi-Nya.[12]

CATATAN PENDAHULUAN

1. Analisis pastoral mengenai masa-masa dalam kehidupan gereja ketika kegiatan yang terlihat dapat menyembunyikan kelemahan rohani, sehingga diperlukan pembaruan hidup di dalam Kristus.

2. Kerangka teologis mengenai "nyala api mula-mula" sebagai karunia Roh Kudus yang dijanjikan Kristus untuk kesaksian dan misi.

3. Sintesis alkitabiah Kisah Para Rasul 1–2, dengan penekanan pada penantian dalam doa, kepenuhan Roh Kudus pada hari Pentakosta, pemberitaan para rasul, pertobatan, dan kehidupan bersama gereja mula-mula.

4. Definisi "nyala api" sebagai kehidupan yang diberdayakan oleh Roh Kudus dan berpusat pada Kristus, bukan semata-mata kegairahan religius atau intensitas emosional.

5. Penafsiran historis-teologis terhadap pembaruan rohani sebagai pemulihan berulang kepada doa alkitabiah, kekudusan, misi, dan ketergantungan kepada Roh Kudus.

6. Dasar untuk membahas sejarah pembaruan dan kritik terhadapnya dengan kejujuran, pembedaan rohani, dan kehati-hatian teologis.

7. Pembedaan pastoral antara kenyataan alkitabiah mengenai janji Roh Kudus dan berbagai penyimpangan yang dapat muncul di sekitar gerakan pembaruan.

8. Pernyataan tujuan buku: membawa pembaca kembali kepada janji Kristus, Pentakosta, gereja mula-mula, dan teologi pembaruan rohani yang disertai pembedaan.

9. Gambaran umum Bab 1–4 dan perannya dalam bergerak dari asal-usul alkitabiah menuju ajaran inti, kritik, dan tanggapan yang membangun.

10. Gambaran umum Bab 5–7, dengan penekanan pada praktik, komunitas, dan pemuridan sebagai ungkapan yang diperlukan untuk mempertahankan pembaruan rohani.

11. Gambaran umum Bab 8–10, dengan penekanan pada kesaksian, penerusan iman lintas generasi, dan pembedaan rohani sebagai perlindungan bagi pembaruan yang setia.

12. Tujuan pastoral dari kesimpulan dan lampiran buku, yang memusatkan seluruh tanggapan praktis kepada Yesus Kristus, Kitab Suci, dan Roh Kudus.

BAB 1

ASAL-USUL—DARI KISAH PARA RASUL

HINGGA PEMBARUAN MODERN

"Dan tampaklah kepada mereka lidah-lidah seperti nyala api yang bertebaran dan hinggap pada mereka masing-masing. Maka penuhlah mereka dengan Roh Kudus, lalu mereka mulai berkata-kata dalam bahasa-bahasa lain, seperti yang diberikan oleh Roh itu kepada mereka untuk mengatakannya."

—Kisah Para Rasul 2:3–4, TB 1974

Buku ini dimulai dengan satu keyakinan yang sederhana tetapi penting: pembaruan Kristen pertama-tama harus dipahami melalui Yesus Kristus dan kesaksian Kitab Suci, dan baru sesudah itu melalui gerakan, pelayan, atau tradisi yang muncul kemudian (Kol. 1:18; 2 Tim. 3:16–17). Kristus yang bangkit berdiri di pusat kehidupan gereja (Kol. 1:18). Sebagaimana dinyatakan dalam Ibrani, "Yesus Kristus tetap sama, baik kemarin maupun hari ini dan sampai selama-lamanya" (Ibr. 13:8). Karena itu, pembaruan bukanlah tren keagamaan yang sesaat. Pembaruan adalah tindakan kembali berulang kali kepada Tuhan yang hidup, yang terus memanggil umat-Nya kepada pertobatan, iman, kekudusan, kesaksian, dan ketergantungan kepada Roh Kudus (Why. 2:4–5; Mat. 28:18–20; Kis. 1:8).[1]

Perjanjian Baru menempatkan asal-usul pembaruan ini di dalam pelayanan Kristus sendiri (Yoh. 1:14–16). Setelah kebangkitan-Nya, Yesus meneguhkan misi gereja di atas otoritas-Nya sendiri:

"Kepada-Ku telah diberikan segala kuasa di sorga dan di bumi. Karena itu pergilah, jadikanlah semua bangsa murid-Ku ... dan ajarlah mereka melakukan segala sesuatu yang telah Kuperintahkan kepadamu. Dan ketahuilah, Aku menyertai kamu senantiasa sampai kepada akhir zaman."

—Matius 28:18–20, TB 1974

Ia juga menyuruh mereka menantikan di Yerusalem sampai mereka diperlengkapi dengan kekuasaan dari tempat tinggi:

"Dan Aku akan mengirim kepadamu apa yang dijanjikan Bapa-Ku. Tetapi kamu harus tinggal di dalam kota ini sampai kamu diperlengkapi dengan kekuasaan dari tempat tinggi."

—Lukas 24:49, TB 1974

Dengan demikian, gereja lahir dengan sebuah misi sekaligus sebuah janji—janji tentang pemberian kuasa ilahi (Kis. 1:4–5, 8).[2]

Sikap para murid sebelum Pentakosta juga penting. Mereka tidak memulai dengan terburu-buru memasuki kegiatan publik. Mereka menantikan bersama-sama dalam ketergantungan yang penuh doa:

"Mereka semua bertekun dengan sehati dalam doa bersama-sama."

—Kisah Para Rasul 1:14, TB 1974

Kemudian, dalam Kisah Para Rasul 2:1–4, Roh Kudus turun ke atas mereka dengan kuasa; mereka dipenuhi dan mulai berkata-kata dalam bahasa-bahasa lain seperti yang diberikan Roh itu kepada mereka (Kis. 2:1–4). Di sinilah nyala api mula-mula gereja: Roh Kudus yang dijanjikan diberikan dengan kuasa, mengubah para murid yang takut menjadi saksi-saksi yang berani (Kis. 2:32–33; Kis. 4:31). Pentakosta bukan sekadar pertunjukan emosional. Pentakosta adalah pencurahan Roh ke atas komunitas yang berdoa, berkumpul dalam kesatuan, dan menantikan Allah dengan penuh pengharapan (Kis. 2:1; Kis. 2:42).[3]

Khotbah Petrus sesudah Pentakosta memberikan bentuk teologis bagi peristiwa itu. Ia memanggil orang banyak kepada pertobatan, baptisan dalam nama Yesus Kristus, dan penerimaan karunia Roh Kudus:

"Bertobatlah dan hendaklah kamu masing-masing memberi dirimu dibaptis dalam nama Yesus Kristus untuk pengampunan dosamu, maka kamu akan menerima karunia Roh Kudus. Sebab bagi kamulah janji itu dan bagi anak-anakmu dan bagi orang yang masih jauh, yaitu sebanyak yang akan dipanggil oleh Tuhan Allah kita."

—Kisah Para Rasul 2:38–39, TB 1974

Tidak lama kemudian, Kisah Para Rasul menggambarkan pola kehidupan gereja mula-mula:

"Mereka bertekun dalam pengajaran rasul-rasul dan dalam persekutuan. Dan mereka selalu berkumpul untuk memecahkan roti dan berdoa."
—Kisah Para Rasul 2:42, TB 1974

Pola itu sangat penting. Api Pentakosta tidak pernah dimaksudkan untuk berdiri terpisah dari pengajaran, penyembahan, persekutuan, dan doa yang disiplin (Kis. 4:31; Kis. 6:4).[4]

Kisah Para Rasul juga menampilkan pembaruan sebagai sesuatu yang nyata dan terlihat dalam kehidupan. Di pintu gerbang Bait Allah, Petrus berkata kepada orang lumpuh, "Demi nama Yesus Kristus, orang Nazaret itu, berjalanlah!" dan orang itu segera disembuhkan (Kis. 3:6–8). Bahkan dalam peristiwa itu, kesembuhan tidak diperlakukan sebagai tujuan akhir. Kesembuhan menunjuk melampaui dirinya sendiri kepada nama dan kuasa Yesus Kristus (Kis. 3:12–16). Karena itu, pembaruan menurut Perjanjian Baru mencakup pemberitaan, pertobatan, doa, kekudusan, kesembuhan, dan kesaksian sebagai dimensi-dimensi yang menyatu dalam kehidupan gereja (Kis. 2:38–42; Kis. 4:33; Kis. 5:12–16).[5]

Kesaksian alkitabiah ini juga melindungi pembaruan agar tidak dipersempit menjadi usaha manusia. Kitab Suci secara konsisten mengajarkan bahwa pembaruan adalah karya Allah: "Karena Allahlah yang mengerjakan di dalam kamu baik kemauan maupun pekerjaan menurut kerelaan-Nya" (Flp. 2:13). Firman Tuhan kepada Zerubabel menyatakan prinsip yang sama dengan sangat jelas:

"Bukan dengan keperkasaan dan bukan dengan kekuatan, melainkan dengan roh-Ku, firman TUHAN semesta alam."
—Zakharia 4:6, TB 1974

Pembaruan tidak dibuat melalui daya tarik pribadi, kebaruan, atau ambisi keagamaan. Pembaruan dipelihara oleh Roh Allah dan berakar dalam ketaatan kepada Kristus (Yoh. 15:5; Kis. 5:32).[6]

Ketika kita melihat melampaui Kitab Kisah Para Rasul menuju abad-abad pertama gereja, pola kehidupan yang diberdayakan Roh ini terus terlihat, sekalipun dalam bentuk yang beragam dan dengan tingkat kejelasan yang berbeda-beda (Ibr. 13:7). Sejarah nyala api tidak bergerak langsung dari Kisah Para Rasul kepada tokoh-tokoh kemudian seperti Fransiskus dari Assisi, Martin Luther, John Calvin, Jonathan Edwards, Charles Finney, Evan Roberts, atau William Seymour. Sebelum musim-musim pembaruan yang lebih kemudian itu, para saksi Kristen awal seperti Irenaeus, Tertullian, Origen, Novatian, dan Cyprian telah memberikan kesaksian, dengan cara yang berbeda-beda, bahwa karya Roh Kudus terus berlangsung sesudah zaman para rasul.[7]

Eddie L. Hyatt dan Jeff Oliver sama-sama menelusuri sejarah awal dan kesinambungan ini. Hyatt menggambarkan Kekristenan karismatik sebagai arus pembaruan sepanjang dua ribu tahun, dimulai dari kata Perjanjian Baru charisma, yaitu karunia-karunia kasih karunia yang dijelaskan Paulus dalam 1 Korintus 12:1–11. Trilogi Pentecost to the Present karya Oliver juga menelusuri berbagai laporan tentang karunia nubuat, kesembuhan, tanda-tanda, perluasan misi, reformasi, kebangunan, dan pembaruan global modern. Karya-karya tersebut tidak menggantikan Kitab Suci, tetapi membantu menunjukkan bahwa nyala api itu bukan hanya peristiwa abad pertama atau penemuan modern. Nyala api itu mula-mula berlanjut di gereja awal, lalu kembali terlihat—kadang-kadang dengan terang dan kadang-kadang tidak merata—di mana pun orang percaya kembali kepada doa, kekudusan, kesaksian, dan keterbukaan terhadap Roh Kudus.[8]

Karena itu, nyala api mula-mula tidak boleh dipahami seolah-olah berakhir dengan selesainya Kitab Kisah Para Rasul atau wafatnya para rasul pertama. Gereja awal tidak hidup hanya oleh organisasi atau doktrin, tetapi oleh kehidupan yang diberdayakan Roh, yang menyatukan kebenaran, keberanian, kekudusan, dan misi. Hal ini memberikan kepada kita cara yang lebih jelas untuk memahami pembaruan: nyala api bukanlah penemuan yang muncul kemudian, melainkan kenyataan alkitabiah dan historis yang harus diterima, dipelihara, dan diuji dalam setiap generasi.[8]

Pada saat yang sama, kedua catatan sejarah tersebut menunjukkan bahwa nyala api sering meredup ketika vitalitas rohani secara bertahap digantikan oleh kendali kelembagaan, formalisme seremonial, atau kecurigaan terhadap karunia-karunia Roh. Gereja membutuhkan pengajaran yang sehat, kepemimpinan yang teruji, dan pengawasan yang bertanggung jawab; keteraturan itu sendiri bukanlah masalah. Bahaya muncul ketika keteraturan berubah menjadi kontrol, ketika struktur gerejawi menggantikan vitalitas rohani, dan ketika karunia-karunia Roh diperlakukan lebih sebagai ancaman yang harus dikelola daripada sebagai anugerah yang harus dipercayakan dan dipelihara.[8]

Hyatt memberikan perhatian khusus kepada merosotnya karunia-karunia rohani pada abad-abad awal dan kepada dampak pertobatan Konstantinus pada masa kemudian, ketika dukungan kekaisaran mengubah kedudukan publik gereja dan membawa bentuk-bentuk baru kekuasaan politik serta kelembagaan ke dalam kehidupan gereja. Oliver juga menggambarkan ketegangan antara misi yang diberdayakan Roh dan Kekristenan yang semakin didukung negara atau dikendalikan lembaga. Masalahnya bukan bahwa setiap konsili atau struktur memadamkan Roh, melainkan bahwa gereja berulang kali menghadapi godaan untuk menggantikan ketergantungan dengan pengelolaan, kekudusan dengan kedudukan, dan vitalitas yang dipimpin Roh dengan keteraturan keagamaan.[8]

Nyala api bermula dari mandat Yesus untuk menantikan kuasa dari tempat tinggi, dikobarkan pada hari Pentakosta, dan berlanjut melalui pelayanan para rasul serta gereja mula-mula. Namun sejarah juga menunjukkan mengapa nyala api itu harus terus dipelihara. Ketika gereja membatasi karunia-karunia, mengabaikan pelayanan yang dipimpin Roh, atau mempersempit kepemimpinan menjadi jabatan tanpa kehidupan rohani, nyala api meredup. Tetapi ketika orang percaya kembali kepada Kristus, Kitab Suci, doa, kekudusan, kesaksian, dan keterbukaan yang rendah hati terhadap Roh Kudus, nyala api itu dapat dikobarkan kembali. Inilah beban teologis pembaruan: bukan mengejar kebaruan, melainkan memulihkan kehidupan yang diberdayakan Roh sebagaimana dimaksudkan Kristus bagi gereja-Nya.[8]

Baru setelah dasar yang lebih awal ini terlihat dengan jelas, sejarah pembaruan yang kemudian seharusnya dipertimbangkan. Sepanjang abad, tokoh-tokoh seperti Fransiskus dari Assisi, Martin Luther, John Calvin, Jonathan Edwards, Charles Finney, Evan Roberts, dan William Seymour berasal dari gerakan dan tradisi yang berbeda-beda. Mereka tidak boleh diperlakukan seolah-olah mengajarkan teologi yang sama. Meskipun demikian, masing-masing dikenang dalam suatu cara sebagai suara yang memanggil gereja kembali kepada Kitab Suci, pertobatan, kekudusan, doa, misi, dan ketergantungan kepada Roh Kudus (Mzm. 145:4). Sebagai contoh, Lectures on Revivals of Religion karya Charles Finney membentuk pengharapan injili pada masa kemudian mengenai kebangunan dan pertobatan.[9]

Karya-karya yang lebih baru terus menekankan bahwa kebangunan rohani bukan hanya intensitas yang terlihat di depan umum. Dalam bentuknya yang terbaik, kebangunan adalah tindakan kembali kepada pertobatan, kekudusan, dan ketaatan di hadapan Allah (Hos. 6:1–3; Why. 3:19).[10] [11]

Pada zaman modern, pengajaran iman dan kemakmuran muncul di dalam konteks yang lebih luas, yang dibentuk oleh kebangunan kesembuhan, pengharapan Pentakostal, dan meluasnya media Kristen. Para ahli seperti Kate Bowler mengidentifikasi tema-tema yang berulang dalam tradisi ini, termasuk iman, kesembuhan, berkat, dan kemenangan.[12] Konteks yang lebih luas tersebut penting apabila kita hendak melakukan pembedaan rohani dengan saksama, bukan memberikan penilaian secara terburu-buru (1 Tes. 5:21).

Tidak setiap penekanan pada iman, kesembuhan, atau Roh Kudus termasuk dalam satu gerakan yang sama. Banyak tema tersebut telah hadir dalam tradisi Pentakostal dan kebangunan yang lebih awal (Kis.

2:17–18; Kis. 3:16). Dengan mengenali berbagai arus yang berbeda itu, sejarah pembaruan tidak dipersempit menjadi hanya satu ekspresi modern.[13 14]

Gerakan Iman (Word of Faith) juga berkembang karena berbicara kepada kerinduan rohani yang nyata. Gerakan ini mendorong orang percaya untuk berdoa dengan sungguh-sungguh, mempercayai janji-janji Allah, mengharapkan campur tangan ilahi, dan hidup dengan keyakinan yang lebih besar kepada ketuhanan Kristus (Mrk. 11:22–24; Ibr. 10:23). Namun berbagai penekanan tersebut tidak selalu disusun dengan keseimbangan yang sama. Pertanyaan mengenai kemakmuran, pengakuan, otoritas, penderitaan, dan pertanggungjawaban semakin menjadi pusat dalam menilai gerakan ini (Flp. 3:10; 1 Ptr. 4:12–13).[15]

Di tengah semua itu, Kristus harus tetap menjadi pusat. Kitab Suci menyatakan bahwa Ia adalah "kepala tubuh, yaitu jemaat" (Kol. 1:18), bahwa segala sesuatu ditempatkan di bawah otoritas-Nya (Ef. 1:22–23), dan bahwa "kepada-Ku telah diberikan segala kuasa di sorga dan di bumi" (Mat. 28:18). Kebenaran-kebenaran tersebut menentukan segalanya. Setiap gerakan, setiap klaim kebangunan, dan setiap bentuk pembaruan harus dibawa ke bawah ketuhanan Yesus Kristus (Kis. 2:36; Kis. 3:19–20).[16]

Karena itu, pembedaan rohani sangat penting. Orang percaya diperintahkan menguji apa yang mereka jumpai dan memegang teguh apa yang baik:

"Ujilah segala sesuatu dan peganglah yang baik."
—1 Tesalonika 5:21, TB 1974

Mereka juga diperintahkan untuk "mengujilah roh-roh itu, apakah mereka berasal dari Allah" (1 Yoh. 4:1). Pembaruan menjadi berbahaya ketika kerinduan rohani dipisahkan dari pengujian alkitabiah (Kis. 17:11). Pembaruan menjadi sehat ketika pengharapan disatukan dengan kejelasan teologis, kerendahan hati, dan ketaatan (Yak. 1:22; Mi. 6:8).[17]

Meskipun demikian, kisah pembaruan tidak boleh berhenti pada tingkat sejarah. Jika nyala api terlihat dalam Kitab Suci dan sepanjang kehidupan gereja, maka kita harus bertanya secara lebih langsung: prinsip-prinsip teologis apa yang membentuknya (2 Tim. 3:16–17)? Bagaimana seharusnya orang percaya memahami iman, pengakuan, dan otoritas rohani dengan cara yang tetap setia kepada Kristus dan berakar dalam Firman (Rm. 10:8–10; Mrk. 11:22–24; Luk. 10:19)? Pertanyaan-pertanyaan ini secara alami membawa kita kepada ajaran-ajaran inti yang sering membentuk pembahasan modern mengenai nyala api.[18]

REFLEKSI PENULIS

Kisah pembaruan dalam bab ini bagi saya bukan sekadar sejarah. Sejak masa awal kehidupan Kristen saya, saya diyakinkan bahwa gereja harus terus kembali kepada nyala api mula-mula yang dinyatakan dalam Kisah Para Rasul: janji Bapa, pencurahan Roh Kudus, dan kehidupan gereja mula-mula di bawah ketuhanan Yesus Kristus. Hal yang paling membentuk saya bukanlah pencarian terhadap sesuatu yang baru, melainkan keyakinan bahwa pola alkitabiah tetap menjadi model paling jelas bagi pembaruan, pelayanan, dan kehidupan gereja pada masa kini.

Itulah sebabnya saya tidak memulai dengan gerakan, pelayan, atau tradisi yang muncul kemudian. Saya memulai dengan janji Kristus dan kesaksian Kitab Suci. Apabila gereja hendak dipulihkan, gereja harus kembali kepada tempat di mana nyala api itu pertama kali menyala—bersama Yesus, Pentakosta, dan kehidupan gereja mula-mula yang dibentuk oleh Roh Kudus.

Kisah saya sendiri dimulai dari perjumpaan sederhana dengan Injil di Manado pada tahun 1978, ketika saya berusia empat belas tahun. Seorang teman mengundang saya ke sebuah kegiatan yang ia sebut pelatihan kepemimpinan, tetapi saat itu saya belum memahami apa sebenarnya kegiatan tersebut. Suatu hari, sebelum pergi ke sekolah sore, saya singgah ke rumahnya untuk mengambil gitar dan melewati sebuah kantor kecil yang kemudian saya ketahui berkaitan dengan Campus Crusade for Christ. Teman saya, Novry Tamara, memanggil saya masuk dan meminta saya tinggal hanya beberapa menit. Dalam pertemuan singkat itu, seseorang membagikan Empat Hukum Rohani kepada saya. Injil menjadi jelas, dan saya menerima Yesus Kristus sebagai Juruselamat. Saya mengetahui bahwa sesuatu telah berubah di dalam diri saya. Saya telah dilahirkan kembali.

Hampir seketika, kehidupan baru itu mulai bergerak keluar. Sarana Injil sederhana yang sama menjadi cara kami membagikan Kristus kepada orang lain. Kami hanyalah remaja, tetapi pada waktu istirahat sekolah kami mulai menceritakan kepada teman-teman apa yang telah dilakukan Yesus dalam hidup kami. Apa yang dimulai dari dua orang siswa muda segera menyebar ke sekolah-sekolah menengah di Manado. Kami berkumpul setiap minggu untuk belajar membagikan Injil dengan lebih jelas, dan akhirnya kami ikut serta dalam kampanye "Sudah Kutemukan"—"I Found It." Kami memasang poster di berbagai tempat di kota dengan pesan tersebut dan nomor telepon yang dapat dihubungi untuk mengajukan pertanyaan. Keesokan harinya, orang-orang menelepon dan bertanya apa yang telah ditemukan. Panggilan-panggilan tersebut membuka banyak pintu bagi kami untuk menjelaskan Injil secara pribadi.

Ketika melihat kembali, saya menyadari bahwa inilah awal kehidupan saya bersama Kristus dan pengalaman pertama saya dalam bersaksi tentang Injil. Namun kemudian saya memahami bahwa Allah masih ingin melakukan lebih banyak hal di dalam diri saya. Perjanjian Baru menunjukkan bahwa orang percaya bukan hanya dipanggil untuk percaya kepada Kristus, tetapi juga menerima karya Roh Kudus yang memberi kuasa untuk keberanian dan pelayanan. Dalam Kisah Para Rasul 19, Paulus bertanya kepada beberapa murid apakah mereka telah menerima Roh Kudus, kemudian ia berdoa bagi mereka. Perjalanan saya sendiri mengikuti perkembangan yang serupa: pertama kelahiran baru di dalam Kristus, kemudian perjumpaan yang lebih dalam dengan Roh Kudus yang membawa keberanian, penyerahan diri, dan kuasa yang lebih besar untuk melayani. Bagian kisah itu baru akan terbuka kemudian di Surabaya.

CATATAN BAB 1

1. Ringkasan teologis: pembaruan adalah tindakan kembali berulang kali kepada Kristus yang tidak berubah sebagaimana dinyatakan dalam Kitab Suci, bukan suatu tren baru.

2. Ringkasan teologis tentang Amanat Agung dan janji Pentakosta sebagai dasar pembaruan Kristen.

3. Pembacaan teologis terhadap Pentakosta sebagai keberanian yang diberikan Roh dan mengalir dari ketergantungan bersama yang bersatu serta penuh doa.

4. Sintesis pola dalam Kisah Para Rasul: api yang diberikan Roh dinyatakan melalui pengajaran, persekutuan, penyembahan, dan doa yang tekun.

5. Ringkasan doktrinal mengenai pembaruan menurut Perjanjian Baru sebagai sesuatu yang menyeluruh—menyatukan kesembuhan, kekudusan, pertobatan, dan kesaksian publik.

6. Penekanan teologis pada prakarsa ilahi dalam pembaruan, dengan menyatukan ayat-ayat utama mengenai karya Allah dan kuasa Roh.

7. Gambaran historis para saksi awal sesudah zaman para rasul, seperti Irenaeus, Tertullian, Origen, Novatian, dan Cyprian, yang digunakan untuk menunjukkan bahwa nyala kehidupan yang diberdayakan Roh tidak bergerak langsung dari Kisah Para Rasul kepada tokoh-tokoh pembaruan yang lebih kemudian, melainkan tetap berlanjut, walaupun tidak merata, dalam abad-abad pertama gereja.

8. Eddie L. Hyatt, 2000 Years of Charismatic Christianity: A 21st Century Look at Church History from a Pentecostal/Charismatic Perspective (Lake Mary, FL: Charisma House, 2002); Jeff Oliver, Pentecost to the Present, 3 jilid (Alachua, FL: Bridge-Logos Publishers, 2017). Karya-karya ini digunakan sebagai sumber sejarah umum untuk mendukung pernyataan bahwa laporan mengenai karunia-karunia karismatik, pelayanan yang diberdayakan Roh, dan dorongan pembaruan terus berlangsung sesudah zaman para rasul, khususnya di gereja awal sesudah para rasul, dengan tetap mencatat periode kemerosotan, pelembagaan, dan pemulihan pada masa kemudian.

9. Charles G. Finney, Lectures on Revivals of Religion (New York: Leavitt, Lord & Co.; Boston: Crocker & Brewster, 1835).

10. Winkie Pratney, Revival: Principles to Change the World (North Charleston, SC: CreateSpace Independent Publishing Platform, 2010).

11. Penyatuan kajian sejarah mengenai kebangunan dengan tema-tema alkitabiah tentang pertobatan dan ketaatan yang diperbarui.

12. Kate Bowler, Blessed: A History of the American Prosperity Gospel (New York: Oxford University Press, 2013).

13. Paul L. King, Only Believe: Examining the Origin and Development of Classic and Contemporary Word of Faith Theologies (Tulsa, OK: Word & Spirit Press, 2008).

14. Ringkasan analitis mengenai arus kemakmuran dan iman modern, yang disatukan dengan panggilan alkitabiah untuk melakukan pembedaan dan pengujian.

15. Penilaian pastoral terhadap pengajaran Word of Faith, yang mengakui panggilannya untuk mempercayai Allah sambil mengidentifikasi bagian-bagian yang memerlukan penyeimbangan kembali secara alkitabiah.

16. Penilaian teologis bahwa seluruh pembaruan harus diuji oleh dan ditundukkan kepada ketuhanan Kristus.

17. Kesimpulan pastoral bahwa pembaruan yang sejati memerlukan pengharapan rohani sekaligus pembedaan yang disiplin.

18. Peralihan dari survei sejarah menuju evaluasi doktrinal, yang mempersiapkan pembaca untuk analisis teologis dalam Bab 2.

BAB 2

AJARAN-AJARAN INTI—KUNCI YANG

YESUS PERCAYAKAN KEPADA GEREJA-NYA

"Yesus menjawab mereka: Aku berkata kepadamu, sesungguhnya jika kamu percaya dan tidak bimbang, kamu bukan saja akan dapat berbuat apa yang Kuperbuat dengan pohon ara itu, tetapi juga jikalau kamu berkata kepada gunung ini: Beranjaklah dan tercampaklah ke dalam laut! hal itu akan terjadi. Dan apa saja yang kamu minta dalam doa dengan penuh kepercayaan, kamu akan menerimanya."

—Matius 21:21–22, TB 1974

Tema-tema yang paling sering dikaitkan dengan Gerakan Iman (Word of Faith)—iman, pengakuan, dan otoritas—berada dekat dengan pusat percakapan modern mengenai pembaruan rohani. Namun tema-tema tersebut harus ditempatkan dalam urutan yang benar. Semuanya bukanlah nyala api mula-mula itu sendiri. Nyala api dimulai dengan janji Kristus dan pencurahan Roh pada hari Pentakosta (Kis. 1:8; Kis. 2:1–4). Iman, pengakuan, dan otoritas adalah cara-cara kehidupan dalam Roh diajarkan, ditekankan, dipraktikkan, dan kadang-kadang disimpangkan. Karena sejarah saja tidak dapat membimbing praktik gereja, setiap tema harus dibawa kembali kepada Kitab Suci dan diuji dengan saksama, sehingga yang tersisa tetap berpusat pada Kristus, rendah hati, dan sehat secara teologis (Kis. 17:11; Kol. 2:6–8).[1]

Iman alkitabiah bukanlah teknik untuk mengendalikan hasil. Iman adalah kepercayaan kepada karakter, janji, dan kesetiaan Allah (Rm. 4:20–21). Kitab Ibrani memberikan titik awal yang jelas:

"Iman adalah dasar dari segala sesuatu yang kita harapkan dan bukti dari segala sesuatu yang tidak kita lihat."

—Ibrani 11:1, TB 1974

Paulus juga mengajarkan dari mana iman dipelihara:

"Jadi, iman timbul dari pendengaran, dan pendengaran oleh firman Kristus."
—Roma 10:17, TB 1974

Ayat-ayat ini memindahkan iman dari wilayah pengendalian rohani dan menempatkannya dalam hubungan, ketergantungan, dan keyakinan kepada Tuhan (Ams. 3:5–6).[2]

Yesus mengajarkan para murid-Nya untuk berdoa dalam nama-Nya:

"Dan apa juga yang kamu minta dalam nama-Ku, Aku akan melakukannya, supaya Bapa dipermuliakan di dalam Anak. Jika kamu meminta sesuatu kepada-Ku dalam nama-Ku, Aku akan melakukannya."
—Yohanes 14:13–14, TB 1974

Ini adalah janji yang berani, tetapi bukan janji yang bekerja secara mekanis. Meminta dalam nama Yesus bukan sekadar menambahkan kata-kata suci pada sebuah permohonan. Meminta dalam nama-Nya berarti berdoa selaras dengan karakter, kehendak, dan misi-Nya. Yohanes kemudian memberikan keseimbangan yang diperlukan:

"Dan inilah keberanian percaya kita kepada-Nya, yaitu bahwa Ia mengabulkan doa kita, jikalau kita meminta sesuatu kepada-Nya menurut kehendak-Nya."
—1 Yohanes 5:14, TB 1974

Karena itu, iman bukanlah keyakinan kepada suatu metode. Iman adalah kepercayaan kepada Kristus sendiri (Mrk. 11:22; Yoh. 15:7).[3]

Kajian sejarah juga membantu menjelaskan mengapa bahasa tentang iman menjadi begitu menonjol dalam pengajaran kemakmuran modern. Kate Bowler mengidentifikasi iman sebagai salah satu tema berulang dalam Injil kemakmuran, bersama kesehatan, kekayaan, dan kemenangan.[4] Kitab Suci dengan jelas meneguhkan iman, tetapi selalu menempatkan iman dalam hubungan dengan karakter dan Kerajaan Allah, bukan memperlakukannya sebagai jaminan hasil material (Mat. 6:33; Ibr. 11:6).[5]

Pembedaan ini penting secara pastoral. Ketika iman dipersempit menjadi suatu metode untuk menghasilkan hasil yang terlihat, doa yang belum terjawab dapat meninggalkan orang dengan rasa bersalah, frustrasi, atau tekanan rohani yang tidak perlu.[6] Kitab Suci tidak berbicara demikian. Kitab Suci menghadirkan orang-orang percaya yang setia, yang menanti, menderita, dan bertahan dalam kelemahan tanpa dihukum sebagai orang yang tidak beriman (2 Kor. 12:7–10; Ibr. 11:35–40).[7]

Tidak setiap penilaian historis bersifat negatif. Paul L. King memberikan pembacaan yang lebih bernuansa, dengan menyatakan bahwa beberapa aspek pengajaran iman berakar dalam tradisi injili dan kesembuhan yang lebih awal, meskipun berbagai ekstrem yang muncul kemudian tetap memerlukan koreksi.[8] Pembedaan yang saksama seperti itu mencerminkan panggilan alkitabiah untuk menguji segala sesuatu dan memegang teguh apa yang baik (1 Tes. 5:21).[9]

Pengajaran Kenneth E. Hagin menunjukkan mengapa pembedaan ini harus dilakukan dengan hati-hati. Dalam karya seperti What Faith Is dan Bible Faith Study Course, Hagin menyajikan iman sebagai keyakinan kepada Firman Allah dan sebagai cara praktis untuk hidup dari janji-janji Kitab Suci. Tulisan-tulisan tersebut penting sebagai sumber primer karena menunjukkan bagaimana iman diajarkan dari dalam gerakan itu sendiri, bukan hanya bagaimana para pengkritik menggambarkannya.[10] Meskipun demikian, pola orang Berea tetap diperlukan: setiap klaim harus diperiksa dalam terang Kitab Suci (Kis. 17:11).[11]

Tema utama kedua adalah pengakuan. Kitab Suci memberikan bobot nyata kepada ucapan manusia, dan Roma menghubungkan pengakuan secara langsung dengan keselamatan:

"Sebab jika kamu mengaku dengan mulutmu, bahwa Yesus adalah Tuhan, dan percaya dalam hatimu, bahwa Allah telah membangkitkan Dia dari antara orang mati, maka kamu akan diselamatkan. Karena dengan hati orang percaya dan dibenarkan, dan dengan mulut orang mengaku dan diselamatkan."
—Roma 10:9–10, TB 1974

Amsal juga mengingatkan bahwa ucapan membawa bobot moral yang serius:

"Hidup dan mati dikuasai lidah, siapa suka menggemakannya, akan memakan buahnya."
—Amsal 18:21, TB 1974

Perkataan mengungkapkan hati, membentuk kesaksian, memengaruhi hubungan, dan dapat melayani kebenaran atau menyebabkan kerusakan (Mat. 12:34–37; Ef. 4:25).[12]

Namun pengakuan harus tetap berakar dalam teologi alkitabiah. Mengucapkan janji-janji Allah dalam iman adalah satu hal; memperlakukan kata-kata sebagai mekanisme otomatis untuk menghasilkan hasil yang diinginkan adalah hal yang lain. Kuasa tidak berada di dalam ucapan itu sendiri. Kuasa adalah milik Allah (Mzm. 115:3; Dan. 4:35). Ucapan Kristen menjadi bermakna secara rohani ketika mengungkapkan kepercayaan, pertobatan, pujian, dan persetujuan dengan kebenaran Kitab Suci (Rm. 10:10; Mzm. 51:17; Ibr. 13:15).[13]

Karena itu, para pengkritik memperingatkan bahwa beberapa bentuk teologi pengakuan bergerak menuju pandangan metafisik mengenai kata-kata, bukan pandangan yang sepenuhnya alkitabiah.[14] Kitab Suci menyajikan ucapan sebagai sesuatu yang penting secara moral dan rohani, tetapi tidak pernah sebagai kekuatan mandiri yang bekerja terpisah dari kehendak Allah (Yak. 3:5–10; Mzm. 33:6–9).[15]

Kritik injili yang lebih baru menyampaikan pokok yang serupa. Ketika pengakuan menjadi formula, orang percaya dapat mulai takut terhadap kata-kata mereka sendiri atau merasa tertekan untuk memperlihatkan kepastian.[16] Kitab Suci memanggil orang percaya untuk berdoa dengan iman dan kerendahan hati, tetapi selalu di bawah kehendak Allah, bukan di bawah beban performa verbal (Mat. 6:7–10; 1 Yoh. 5:14).[17]

Petunjuk Paulus dalam Efesus 4:29 memberikan kejelasan yang diperlukan:

"Janganlah ada perkataan kotor keluar dari mulutmu, tetapi pakailah perkataan yang baik untuk membangun, di mana perlu, supaya mereka yang mendengarnya, beroleh kasih karunia."

—Efesus 4:29, TB 1974

Pengakuan termasuk dalam etika ucapan yang dikuduskan secara lebih luas (Kol. 4:6). Perkataan Kristen harus membangun, bukan memanipulasi. Perkataan harus mendorong iman tanpa menciptakan ketakutan bahwa ucapan yang ceroboh dapat membatalkan karya Allah (Ams. 12:18; Yak. 3:17–18).[18]

Tema utama ketiga adalah otoritas. Di sini pun Perjanjian Baru memberikan dorongan sekaligus batasan. Yesus menyatakan:

"Kepada-Ku telah diberikan segala kuasa di sorga dan di bumi."
—Matius 28:18, TB 1974

Pernyataan itu bersifat mendasar. Seluruh otoritas Kristen bermula dari Kristus dan tetap berada di bawah pemerintahan-Nya; otoritas itu tidak pernah berdiri sendiri atau muncul dari diri manusia (Luk. 10:19; Ef. 1:20–23).[19]

Di dalam pengajaran Word of Faith, otoritas sering disajikan sebagai bagian dari warisan orang percaya di dalam Kristus. Dalam bentuknya yang terbaik, penekanan ini mendorong keberanian dalam doa, keyakinan rohani, dan perlawanan terhadap ketakutan. Yesus sendiri berbicara mengenai otoritas yang didelegasikan kepada para murid-Nya:

"Sesungguhnya Aku telah memberikan kuasa kepada kamu ... untuk menahan kekuatan musuh, sehingga tidak ada yang akan membahayakan kamu."
—Lukas 10:19, TB 1974

Dalam banyak konteks, pengajaran ini menjawab kebutuhan pastoral yang nyata dengan memanggil orang percaya untuk mengharapkan keterlibatan aktif Allah dalam kehidupan mereka (Ef. 6:10–18; Ibr. 4:16).[20]

Pembahasan dogmatis yang seimbang mengenai tema-tema ini dapat ditempatkan dalam kerangka teologi injili yang lebih luas.[21] Keseimbangan semacam itu mencerminkan panggilan alkitabiah untuk memegang kebenaran, iman, kerendahan hati, dan seluruh maksud Allah secara bersama-sama (Kis. 20:27; 2 Tim. 1:13–14).[22]

Iman, pengakuan, dan otoritas sering dibahas secara terpisah, tetapi dalam praktik Kristen semuanya saling berhubungan. Iman membentuk kepercayaan kepada Allah (Ibr. 11:6). Pengakuan memberikan suara kepada kepercayaan itu (Rm. 10:9–10). Otoritas menggambarkan keterlibatan orang percaya dalam pemerintahan Kristus melalui doa dan pelayanan (Luk. 10:19; Mat. 28:18–20). Namun semuanya harus tetap bergantung kepada Kristus, yang berkata:

"Akulah pokok anggur dan kamulah ranting-rantingnya. Barangsiapa tinggal di dalam Aku dan Aku di dalam dia, ia berbuah banyak, sebab di luar Aku kamu tidak dapat berbuat apa-apa."

—Yohanes 15:5, TB 1974

Ketika dipahami dengan benar, tema-tema ini menguatkan kehidupan Kristen dan memperdalam ketergantungan kepada Allah, bukan menggantikannya.[23]

Karena berbagai penekanan ini membentuk kehidupan gereja, semuanya harus tetap terbuka terhadap pemeriksaan (Kis. 17:11; 1 Tes. 5:21). Kebutuhan akan pengujian tersebut membawa kita langsung kepada kritik-kritik yang dibahas dalam bab berikutnya.[24]

Bible Healing Study Course karya Hagin juga memberikan contoh primer mengenai bagaimana kesembuhan dihubungkan dengan iman, pengakuan, dan keyakinan kepada janji-janji Allah. Sekalipun seseorang tidak menyetujui setiap kesimpulannya, karya itu layak dibahas secara langsung karena mewakili logika internal teologi kesembuhan Word of Faith.[25] Seperti semua pengajaran semacam itu, karya tersebut harus dibaca bersama kesaksian Kitab Suci yang lebih luas mengenai kesembuhan, iman, penderitaan, dan doa (Mrk. 5:34; Yak. 5:14–16; 2 Kor. 12:7–10).[26]

REFLEKSI PENULIS

Tema-tema iman, pengakuan, dan otoritas tidak pernah hanya menjadi gagasan bagi saya. Sejak muda, saya belajar menanggapi janji-janji Allah dengan serius. Ibrani 11:1 menggambarkan iman sebagai "dasar dari segala sesuatu yang kita harapkan dan bukti dari segala sesuatu yang tidak kita lihat," dan Yesus mengajarkan para pengikut-Nya untuk berdoa dengan iman dan tidak bimbang. Seiring waktu, kebenaran-kebenaran itu menjadi bagian dari cara saya belajar berjalan bersama Allah.

Setelah dilahirkan kembali, saya sangat aktif di dalam sebuah gereja injili yang menekankan keselamatan, kelahiran baru, dan pelayanan yang aktif. Sebagai orang percaya muda, saya mencurahkan diri ke hampir semua kegiatan yang saya ketahui. Saya bergabung dengan paduan suara, terlibat dalam pelayanan drama, mengajar sekolah Minggu, menghadiri doa pagi setiap hari, dan menjadi sukarelawan dalam banyak kegiatan gereja. Pada masa itu, saya percaya bahwa inilah cara terbaik untuk melayani Allah, dan dalam banyak hal, memang itulah satu-satunya cara yang saya pahami.

Namun di bawah semua kegiatan itu, tumbuh kerinduan yang lebih dalam di dalam diri saya. Saya merindukan kehadiran Allah, kuasa-Nya, dan pengertian yang lebih penuh mengenai Roh Kudus. Suatu hari, ketika melihat-lihat di toko buku gereja, dua buku menarik perhatian saya: I Believe in Miracles karya Kathryn Kuhlman—meskipun saat itu saya belum mengenal siapa dirinya—dan The Fourth Dimension karya David Yonggi Cho. Ketika mulai membacanya, sesuatu terbangun di dalam diri saya. Melalui tulisan David Yonggi Cho, saya menemukan visi kehidupan gereja yang dipenuhi Roh Kudus, dibentuk oleh doa, iman, kelompok sel, mukjizat, dan ketergantungan kepada Roh Kudus. Saya mulai menyadari bahwa kerinduan saya bukanlah gangguan terhadap kesetiaan. Kerinduan itu adalah cara Allah menarik saya kepada lebih banyak lagi dari diri-Nya.

Ketika masih duduk di sekolah menengah pertama di Manado, nilai-nilai saya rendah, dan tampaknya mustahil bagi saya untuk masuk ke sekolah menengah atas terbaik di sana. Namun saya berdoa dan berpegang pada Firman Allah. Kemudian, pola iman yang sama membentuk kerinduan saya untuk masuk Institut Teknologi Sepuluh Nopember di Surabaya, salah satu perguruan tinggi terbaik di Indonesia. Hal itu tampak jauh melampaui kemampuan dan keadaan alami saya, tetapi saya percaya Allah dapat membuka pintu. Ketika saya diterima, saya mengetahui bahwa hal itu bukan kebetulan. Itu adalah langkah lain dalam perjalanan yang telah Allah mulai di Manado.

Sesudah masuk ITS dan pindah ke Surabaya, kerinduan yang telah dimulai di dalam diri saya terus bertumbuh. Saya beribadah di Gereja Bethany dan juga mulai terlibat dalam persekutuan doa MDC. Sejak pertama kali mengikuti persekutuan itu, saya merasakan kehadiran Allah dengan cara yang sangat berbeda dari kebaktian Minggu biasa yang saya kenal di gereja injili di Manado. Suasana doanya berbeda. Saya belum sepenuhnya memahami segala sesuatu yang sedang terjadi, tetapi saya mengetahui bahwa ada sesuatu yang lebih dalam, dan hati saya menginginkan lebih.

Pada masa itu, saya terus membaca dan membeli buku-buku karya pengajar seperti Kenneth Hagin, David Yonggi Cho, dan beberapa penulis lain yang membahas iman dan Roh Kudus. Pengertian saya mulai bertumbuh. Saya menjadi yakin bahwa saya bukan hanya perlu percaya kepada Kristus dan melayani-Nya dengan aktif, tetapi juga menerima karya Roh Kudus yang memberi kuasa melalui iman. Setelah beberapa orang mendoakan saya dalam beberapa kesempatan, akhirnya saya mengalami kepenuhan

Roh ketika sedang sendirian di kamar tidur. Saya mulai berkata-kata dalam bahasa roh, dan bersama pengalaman itu datang keberanian yang baru untuk melayani.

Keberanian itu menjadi penting dalam pelayanan mahasiswa yang berhubungan dengan MDC. Pemberitaan Injil kepada para mahasiswa merupakan salah satu pilar gerakan itu pada masa tersebut, dan saya menyaksikan bagaimana Roh Kudus memperlengkapi orang-orang percaya biasa untuk berbicara tentang Yesus dengan berani. Kemudian saya mengikuti praktik iman yang sama ketika melamar ke sebuah perusahaan besar setelah lulus dan ketika keluarga saya akhirnya pindah ke Amerika. Berulang kali saya menyaksikan bahwa kebenaran alkitabiah menjadi nyata ketika dipraktikkan—bukan sebagai formula, melainkan sebagai kepercayaan kepada Kristus dan ketaatan kepada Firman-Nya.

Sebagian kebenaran ini dikuatkan di dalam diri saya secara langsung melalui Kitab Suci, dan sebagian lagi disoroti melalui para pengajar seperti David Yonggi Cho, Kenneth Hagin, dan Smith Wigglesworth. Namun pusatnya tidak pernah terletak pada kuasa perkataan manusia itu sendiri. Pusatnya adalah iman kepada Yesus Kristus, keyakinan kepada janji-janji-Nya, dan kesediaan untuk bertindak berdasarkan apa yang Ia katakan. Ketika melihat kembali, sebagian besar kehidupan saya dibentuk oleh praktik iman ini: kerinduan menjadi kepercayaan, kepercayaan menjadi ketaatan, dan ketaatan menjadi keberanian melalui Roh Kudus.

CATATAN BAB 2

1. Kerangka teologis Bab 2 yang membedakan karunia Pentakosta mula-mula dari berbagai penekanan doktrinal yang kemudian dibangun di sekitarnya.

2. Penjelasan doktrinal bahwa iman alkitabiah adalah kepercayaan relasional kepada Allah, bukan suatu teknik rohani.

3. Penafsiran pastoral-teologis mengenai doa "dalam nama Yesus" sebagai ketundukan kepada kehendak Kristus, bukan suatu formula.

4. Kate Bowler, Blessed: A History of the American Prosperity Gospel (New York: Oxford University Press, 2013).

5. Penjelasan bahwa iman alkitabiah diarahkan kepada karakter dan Kerajaan Allah, bukan kepada jaminan hasil yang terlihat.

6. D. R. McConnell, A Different Gospel: Biblical and Historical Insights into the Word of Faith Movement, edisi diperbarui (Peabody, MA: Hendrickson Publishers, 1995).

7. Peringatan pastoral bahwa mempersempit iman menjadi suatu teknik dapat membebani orang percaya yang menderita dengan rasa bersalah yang keliru.

8. Paul L. King, Only Believe: Examining the Origin and Development of Classic and Contemporary Word of Faith Theologies (Tulsa, OK: Word & Spirit Press, 2008).

9. Prinsip pembedaan: pembedaan historis yang saksama mencerminkan perintah alkitabiah untuk menguji segala sesuatu dan memegang teguh apa yang baik.

10. Kenneth E. Hagin, What Faith Is (Tulsa, OK: Faith Library Publications, 1966); Kenneth E. Hagin, Bible Faith Study Course (Tulsa, OK: Faith Library Publications, 1991).

11. Penerapan pola orang Berea terhadap sumber primer Word of Faith dan klaim-klaim teologis.

12. Ringkasan alkitabiah-teologis mengenai ucapan, pengakuan, dan kesaksian yang benar dalam kehidupan Kristen.

13. Penjelasan bahwa pengakuan harus mengungkapkan kepercayaan kepada Allah, bukan bekerja sebagai mekanisme rohani otomatis.

14. Robert Jackson, "Prosperity Theology and the Faith Movement," Themelios 15, no. 1 (1989).

15. Penjelasan doktrinal bahwa ucapan menurut Alkitab penting secara moral, tetapi tidak pernah mandiri dari kehendak Allah yang berdaulat.

16. Russell Alexander Morris, "A Biblical and Theological Analysis of Specific Tenets of Word of Faith Theology: Pastoral Implications for the Church of God," disertasi PhD, South African Theological Seminary, 2012.

17. Koreksi pastoral bahwa doa Kristen harus diperintah oleh kerendahan hati dan kehendak Allah, bukan oleh performa verbal.

18. Etika ucapan yang dikuduskan, dengan penekanan pada pembangunan, kebenaran, dan kebebasan dari bahasa manipulatif.

19. Kerangka doktrinal bahwa seluruh otoritas Kristen berasal dari dan tetap berada di bawah ketuhanan Yesus Kristus.

20. Penilaian pastoral bahwa pengajaran mengenai otoritas orang percaya dapat mendorong keyakinan ketika tetap berada di bawah ketuhanan Kristus.

21. Wayne A. Grudem, Systematic Theology: An Introduction to Biblical Doctrine (Grand Rapids, MI: Zondervan, 1994).

22. Ringkasan teologis bahwa iman, kerendahan hati, dan kebenaran harus dipegang bersama di bawah seluruh maksud Allah.

23. Sintesis iman, pengakuan, dan otoritas sebagai tema-tema yang saling berhubungan ketika ditundukkan dengan benar kepada Kristus.

24. Prinsip peralihan: penekanan teologis yang besar harus tetap terbuka terhadap pemeriksaan dan koreksi berdasarkan Kitab Suci.

25. Kenneth E. Hagin, Bible Healing Study Course (Tulsa, OK: Faith Library Publications, 1999).

26. Petunjuk pastoral bahwa pengajaran tentang kesembuhan harus dibaca dalam terang seluruh kesaksian Kitab Suci mengenai iman, penderitaan, doa, dan kesembuhan.

BAB 3

KRITIK—KEKHAWATIRAN INJILI DI HADAPAN NYALA API

"Bertobatlah dan hendaklah kamu masing-masing memberi dirimu dibaptis dalam nama Yesus Kristus untuk pengampunan dosamu, maka kamu akan menerima karunia Roh Kudus. Sebab bagi kamulah janji itu dan bagi anak-anakmu dan bagi orang yang masih jauh, yaitu sebanyak yang akan dipanggil oleh Tuhan Allah kita."
—Kisah Para Rasul 2:38–39, TB 1974

Setiap ajaran atau penekanan rohani yang membentuk kehidupan gereja perlu diperiksa dengan saksama. Hal ini menjadi sangat penting ketika orang percaya berbicara mengenai iman, kesembuhan, otoritas, nubuat, atau kebangunan rohani. Gerakan Iman (Word of Faith), bersama berbagai upaya yang lebih luas untuk memulihkan vitalitas rohani, telah menolong banyak orang Kristen berdoa dengan lebih berani, mempercayai Allah dengan lebih aktif, dan mengharapkan Roh Kudus bekerja dalam kehidupan sehari-hari. Namun arus-arus yang sama juga menerima kritik serius dari para teolog injili, sejarawan, pendeta, dan pemimpin pelayanan. Kekhawatiran mereka tidak selalu sama dan tidak semuanya berangkat dari asumsi yang serupa, tetapi secara bersama-sama mereka mengajukan pertanyaan yang tidak boleh diabaikan oleh gereja. Orang-orang Berea memberikan pola bagi pengujian yang saksama seperti ini:

"Orang-orang Yahudi di kota itu lebih baik hatinya dari pada orang-orang Yahudi di Tesalonika, karena mereka menerima firman itu dengan segala kerelaan hati dan setiap hari mereka menyelidiki Kitab Suci untuk mengetahui, apakah semuanya itu benar demikian."
—Kisah Para Rasul 17:11, TB 1974

Paulus memberikan prinsip yang sama dalam perintah yang lebih singkat:

"Ujilah segala sesuatu dan peganglah yang baik."
—1 Tesalonika 5:21, TB 1974

Bab ini mendengarkan kritik dalam semangat tersebut: bukan untuk memadamkan Roh, melainkan untuk menguji apa yang diajarkan dan mempertahankan apa yang sungguh-sungguh baik.[1]

Salah satu kritik yang paling dikenal datang dari D. R. McConnell. Ia berpendapat bahwa beberapa bentuk pengajaran Iman modern telah bergerak melampaui kategori-kategori alkitabiah dan menyerap gagasan yang asing bagi teologi Kristen historis. Kekhawatiran utamanya adalah bahwa iman dapat diperlakukan bukan lagi terutama sebagai kepercayaan kepada Allah, melainkan sebagai suatu kekuatan, sedangkan perkataan dapat dipandang sebagai mekanisme yang menciptakan realitas, bukan sebagai ungkapan ketergantungan kepada Tuhan. Ketika hal itu terjadi, orang percaya dapat mulai bersandar kepada metode rohani daripada kepada Tuhan sendiri. Sekalipun pembaca tidak menyetujui sebagian argumen historis McConnell, peringatannya tetap penting karena mempertanyakan apakah nyala api masih diatur oleh Kitab Suci atau justru oleh sistem yang lebih sempit, yang dibangun di atas teknik, kepastian, dan pengendalian.[2]

Kekhawatiran besar kedua menyangkut pengajaran kemakmuran. Kajian sejarah seperti karya Kate Bowler menunjukkan bagaimana iman, berkat, kesehatan, kekayaan, dan kemenangan menjadi terjalin kuat dalam teologi kemakmuran. Masalahnya bukan keyakinan bahwa Allah memberkati umat-Nya, menyediakan kebutuhan mereka, atau menyembuhkan sebagai jawaban atas doa. Kitab Suci dengan jelas meneguhkan kebenaran-kebenaran tersebut. Persoalan yang lebih dalam muncul ketika kemakmuran, keberhasilan yang terlihat, atau kesembuhan langsung diperlakukan sebagai tanda yang semestinya dari kedewasaan rohani, sedangkan penderitaan, penundaan, kelemahan, atau kemiskinan terutama dipandang sebagai bukti kekurangan iman. Paulus memberikan koreksi penting:

"Memang ibadah itu kalau disertai rasa cukup, memberi keuntungan besar ... Asal ada makanan dan pakaian, cukuplah. Tetapi mereka yang ingin kaya terjatuh ke dalam pencobaan, ke dalam jerat ... Karena akar segala kejahatan ialah cinta uang."

—1 Timotius 6:6, 8–10, TB 1974

Dalam lingkungan seperti itu, orang percaya yang telah terbeban dapat dibuat memikul bukan hanya rasa sakit, melainkan juga rasa bersalah yang keliru atau perasaan gagal secara rohani.[3]

Kekhawatiran pastoral ini belum menghilang. Suara-suara injili dan global terus menyampaikan peringatan yang sama. Artikel Robert Jackson dalam Themelios, "Prosperity Theology and the Faith Movement," berpendapat bahwa pengajaran kemakmuran menjadi berbahaya secara doktrinal dan pastoral ketika menjanjikan sesuatu yang tidak dijamin Kitab Suci. Analisis global Lausanne juga menunjukkan bahwa Injil kemakmuran terus memengaruhi gereja dan misi di seluruh dunia, sering kali membentuk kembali pengharapan mengenai berkat, penderitaan, dan kesaksian. Sebuah artikel TGC Africa menggambarkan doktrin kemakmuran bukan hanya sebagai ajaran yang keliru, melainkan juga merugikan, khususnya ketika memberikan tekanan kepada orang percaya yang sedang menderita dan menyimpangkan ketekunan Kristen. Suara-suara ini menunjukkan bahwa persoalan tersebut bukan sekadar perdebatan lama. Persoalan itu tetap menjadi keprihatinan nyata bagi gereja global.[4] [5] [6] [7]

Bidang kritik ketiga menyangkut pengakuan, khususnya ketika "pengakuan positif" diperlakukan sebagai prinsip yang menjamin hasil apabila diucapkan dengan kepastian yang cukup. Kitab Suci mengajarkan bahwa perkataan memiliki arti. Pengakuan, pujian, doa, dan kesaksian semuanya termasuk dalam kehidupan iman. Namun para pengkritik memperingatkan bahwa ketika ucapan menjadi alat pengendalian, perkataan dapat mulai menggantikan kepercayaan yang rendah hati kepada Allah. Pengakuan kemudian bergeser dari ungkapan iman menjadi teknik untuk memperoleh hasil. Akibatnya dapat berupa tekanan, ketakutan, dan pengawasan rohani yang terus-menerus terhadap diri sendiri, bukan kebebasan, penyembahan, dan ketaatan.[2] [4]

Kekhawatiran keempat berpusat pada bahasa mengenai otoritas. Banyak pengajar Word of Faith menekankan otoritas orang percaya di dalam Kristus, dan dalam bentuknya yang terbaik penekanan tersebut dapat mendorong doa yang berani, keyakinan rohani, dan perlawanan terhadap ketakutan. Kekhawatiran muncul ketika otoritas digambarkan sebagai pengendalian pribadi, bukan sebagai partisipasi yang didelegasikan di bawah ketuhanan Yesus. Masalahnya bukan bahwa orang percaya melayani dalam nama Kristus. Persoalan muncul ketika otoritas diajarkan dengan cara yang memperkecil kerendahan hati, penderitaan, ketergantungan, atau pertanggungjawaban.[8]

Klaim mengenai kesembuhan dan mukjizat juga memerlukan perhatian yang saksama. Kitab Suci dengan jelas mengajarkan bahwa Allah menyembuhkan, bahwa Kristus menyembuhkan selama pelayanan-Nya di bumi, dan bahwa gereja dapat berdoa dengan penuh pengharapan bagi orang sakit:

"Kalau ada seorang di antara kamu yang sakit, baiklah ia memanggil para penatua jemaat supaya mereka mendoakan dia serta mengolesnya dengan minyak dalam nama Tuhan. Dan doa yang lahir dari iman akan menyelamatkan orang sakit itu dan Tuhan akan membangunkan dia ... Karena itu hendaklah kamu saling mengaku dosamu dan saling mendoakan, supaya kamu sembuh. Doa orang yang benar, bila dengan yakin didoakan, sangat besar kuasanya."

—Yakobus 5:14–16, TB 1974

Pada saat yang sama, kesaksian alkitabiah tidak pernah memisahkan kesembuhan dari kedaulatan Allah, perhatian pastoral, kejujuran, dan ketekunan yang setia ketika penderitaan masih berlangsung. Paulus sendiri mendengar Tuhan berkata:

"Cukuplah kasih karunia-Ku bagimu, sebab justru dalam kelemahanlah kuasa-Ku menjadi sempurna."

—2 Korintus 12:9, TB 1974

Keseimbangan ini menjaga gereja tetap berdoa dengan iman, sekaligus menolak mempermalukan mereka yang terus mengalami penderitaan.[9]

Persoalannya bukan apakah orang percaya seharusnya berdoa bagi kesembuhan, bersaksi tentang kuasa Allah, atau mengharapkan campur tangan ilahi (Yak. 5:14–16; Mrk. 5:34). Kekhawatiran muncul ketika setiap penyakit diperlakukan sebagai bukti kekurangan iman, ketika kesaksian dibesar-besarkan atau tidak diverifikasi, atau ketika klaim publik bergerak lebih cepat daripada tanggung jawab pastoral (Kel. 20:16; Ef. 4:25). Dalam situasi semacam itu, orang yang menderita dapat merasa ditekan untuk mempertunjukkan iman daripada menerima perhatian, dan kekecewaan dapat diperdalam oleh rasa malu (Rm. 12:15; Gal. 6:2).[10]

Pertanggungjawaban merupakan kekhawatiran serius lainnya. Gerakan rohani menjadi rentan ketika karisma melampaui karakter, ketika keterkenalan melampaui pengawasan gereja lokal, atau ketika klaim mengenai tuntunan ilahi diperlakukan seolah-olah tidak boleh dikoreksi (1 Tim. 3:1–7; Ibr. 13:17). Perjanjian Baru menghubungkan pelayanan rohani dengan karakter yang teruji, sikap saling tunduk, dan kepemimpinan yang bertanggung jawab, bukan pengaruh yang tidak terkendali. Petrus memberikan petunjuk kepada para pemimpin:

> *"Gembalakanlah kawanan domba Allah yang ada padamu, jangan dengan paksa, tetapi dengan sukarela sesuai dengan kehendak Allah ... Janganlah kamu berbuat seolah-olah kamu mau memerintah atas mereka yang dipercayakan kepadamu, tetapi hendaklah kamu menjadi teladan bagi kawanan domba itu."*
>
> *—1 Petrus 5:2–3, TB 1974*

Karena itu, kepemimpinan dalam konteks pembaruan harus tetap bersifat pastoral, dapat dipertanggungjawabkan, dan menjadi teladan, bukan mengendalikan atau melindungi kepentingan diri sendiri (Kis. 20:28).[11]

Pembedaan ini penting bagi argumen buku ini. Kegagalan beberapa pemimpin, ketidakseimbangan doktrinal dalam sejumlah gerakan, dan kerugian pastoral yang ditimbulkan oleh ajaran tertentu harus dihadapi dengan jujur. Namun kegagalan tersebut tidak menghapus janji Kristus mengenai Roh Kudus, kelahiran gereja pada hari Pentakosta, atau kebutuhan yang terus berlangsung akan kehidupan dan kesaksian yang diberdayakan Roh. Penyimpangan tidak membatalkan nyala api mula-mula. Penyimpangan menunjukkan mengapa nyala api itu harus dijaga, diuji, dan dipulihkan dalam kebenaran.[12]

Karena itu, pertanyaan utamanya bukan apakah semua kritik harus ditolak atau setiap klaim kebangunan harus diterima. Pertanyaan yang lebih baik adalah apakah pembaruan tetap berakar dalam Yesus Kristus, diatur oleh Kitab Suci, dibentuk oleh kerendahan hati, dan diuji dalam kehidupan gereja. Pertanyaan tersebut mempersiapkan jalan menuju bab berikutnya, ketika kritik-kritik ini tidak akan disingkirkan, melainkan dijawab dengan visi yang membangun mengenai bagaimana api itu dapat tetap murni.[13]

REFLEKSI PENULIS

Kekhawatiran-kekhawatiran dalam bab ini bukanlah sesuatu yang asing bagi saya. Saya bertumbuh dalam lingkungan gereja injili, sehingga saya memahami alasan banyak orang percaya bersikap ragu ketika mendengar tentang kesembuhan, karunia-karunia rohani, pelayanan nubuat, atau baptisan Roh Kudus. Sering kali keraguan itu bukanlah ketidakpercayaan. Keraguan tersebut muncul dari keinginan yang tulus untuk melindungi gereja, dan keinginan itu layak dihormati.

Kekhawatiran ini penting bagi saya karena saya juga telah melewati masa ketika iman tidak menyingkirkan kesulitan. Setelah lulus pada tahun 1991, semuanya tampak menjanjikan. Saya bekerja di SCTV di Surabaya, salah satu perusahaan penyiaran terkemuka, dan menjadi manajer departemen informasi komputer dengan gaji yang baik. Pada waktu yang sama, saya membuka sebuah toko komputer, dan istri saya, Rima, membantu mengelolanya. Dari luar, hal itu terlihat seperti jenis keberhasilan yang akan disebut banyak orang sebagai berkat.

Masa itu mengajarkan kepada saya bahwa iman tidak dapat dipersempit menjadi keberhasilan yang terlihat. Usaha tersebut akhirnya gagal, dan kami mengalami kebangkrutan. Kami harus kembali ke Manado dan memulai lagi dari bawah. Hal itu menyakitkan, tetapi saya tidak berhenti percaya kepada Allah. Saya juga tidak menafsirkan kegagalan tersebut sebagai bukti bahwa iman telah gagal atau Allah telah meninggalkan kami. Ketika melihat kembali, saya memandang masa itu lebih menyerupai kisah Yusuf: bukan penderitaan yang sia-sia, melainkan bagian dari cara Allah membentuk kami untuk tujuan yang lebih besar.

Di Manado, Allah terus bekerja. Pada tahun 1995, Rima dan saya mengalami perjumpaan yang mendalam dengan Allah pada masa pembaruan Toronto Blessing yang mencapai kota kami. Menjelang tahun 1998, Allah mulai memulihkan keadaan keuangan kami ketika saya bekerja di Newmont Mining. Kemudian, pada tahun 2001, setelah saya merasakan Tuhan menyuruh saya untuk melangkah maju, pintu itu akhirnya membawa keluarga kami ke Amerika Serikat. Hal tersebut menjadi tahap lain dalam kehidupan dan panggilan kami. Pengalaman itu mengajarkan kepada saya bahwa iman tidak menjamin setiap usaha akan berhasil atau setiap jalan akan mudah. Iman adalah kasih karunia untuk terus mempercayai Allah ketika jalan menurun sebelum kembali menanjak.

Masa yang menyakitkan tersebut juga membantu saya memahami mengapa pembedaan rohani penting. Pada saat yang sama, perjalanan saya sendiri meyakinkan saya bahwa pelayanan Roh Kudus menurut Perjanjian Baru tidak dapat ditolak hanya karena beberapa ekspresinya telah melampaui batas. Setelah datang kepada iman, saya mengalami perjumpaan dengan Roh Kudus yang mengubah kehidupan. Pengalaman pembaruan yang kemudian terjadi, termasuk Toronto Blessing pada tahun 1995, memperdalam karya tersebut di dalam hidup saya. Karena itu, saya tidak dapat menyangkal kesaksian Kisah Para Rasul atau kenyataan bahwa Roh Kudus masih memberi kuasa kepada orang percaya untuk bersaksi, berdoa, dan melayani, sebagaimana Yesus menyuruh para murid-Nya menantikan janji Bapa dan menerima kuasa untuk menjadi saksi-Nya.

Karena alasan itu, saya percaya bahwa jawaban terhadap penyimpangan karismatik bukanlah ketidakpercayaan, melainkan pembedaan rohani yang alkitabiah. Kita harus berakar dalam Kitab Suci, menguji segala sesuatu dengan saksama, dan tetap berpusat pada Kristus. Ketika hal itu terjadi, pelayanan Roh Kudus bukanlah penyalahgunaan kebenaran, melainkan kuasa Allah yang hidup dan bekerja di dalam orang-orang percaya biasa serta di dalam gereja.

CATATAN BAB 3

1. Prinsip pembuka bab: ajaran dan gerakan yang membentuk kehidupan gereja harus tetap terbuka terhadap pemeriksaan berdasarkan Kitab Suci.

2. D. R. McConnell, A Different Gospel: Biblical and Historical Insights into the Word of Faith Movement, edisi diperbarui (Peabody, MA: Hendrickson Publishers, 1995).

3. Kate Bowler, Blessed: A History of the American Prosperity Gospel (New York: Oxford University Press, 2013).

4. Robert Jackson, "Prosperity Theology and the Faith Movement," Themelios 15, no. 1 (1989).

5. Mwita Akiri, "The Prosperity Gospel: Its Theology, Challenges, and Opportunities," Wycliffe College, 23 Oktober 2018.

6. J. Kwabena Asamoah-Gyadu, "The Prosperity Gospel and Its Challenge to Mission in Our Time," Lausanne Global Analysis, Juli 2014.

7. Kevin Muriithi, "Prosperity Doctrine Isn't Just Wrong—It's Harmful," TGC Africa, 19 Agustus 2023.

8. Kirk R. MacGregor, "The Word-Faith Movement: A Theological Conflation of the Nation of Islam and Mormonism?" Journal of the American Academy of Religion 75, no. 1 (Maret 2007): 87–120.

9. Kerangka pastoral: persoalannya bukan apakah Allah menyembuhkan, melainkan bagaimana klaim mengenai kesembuhan diajarkan, ditafsirkan, dan diuji.

10. Peringatan pastoral bahwa praktik kesembuhan yang tidak seimbang dapat melukai mereka yang rentan daripada menggembalakan mereka.

11. Peringatan bahwa karunia rohani harus tetap disatukan dengan karakter, pengawasan, dan koreksi di dalam tubuh Kristus.

12. Pembedaan pastoral: kritik tidak boleh menghapus janji alkitabiah mengenai Roh Kudus, tetapi seharusnya memimpin gereja untuk menjaga, menguji, dan memulihkan nyala api dalam kebenaran.

13. Peralihan menuju Bab 4, yang membingkai pertanyaan konstruktif mengenai bagaimana pembaruan dapat tetap berakar dalam Kristus, diatur oleh Kitab Suci, dibentuk oleh kerendahan hati, dan diuji di dalam gereja.

BAB 4

MENANGGAPI KRITIK—MENJAGA NYALA API TETAP MURNI

"Janganlah padamkan Roh, dan janganlah anggap rendah nubuat-nubuat. Ujilah segala sesuatu dan peganglah yang baik. Jauhkanlah dirimu dari segala jenis kejahatan."

—1 Tesalonika 5:19–22, TB 1974

Perintah Paulus untuk "menguji segala sesuatu dan memegang yang baik" tidak pernah dimaksudkan untuk membuat gereja mencurigai setiap karya Roh Kudus. Perintah itu diberikan agar orang percaya dapat mengenali apa yang sungguh-sungguh berasal dari Allah dan memeliharanya dengan hikmat (1 Tes. 5:21; 2 Tim. 1:14). Karena itu, pembedaan rohani bukanlah ketakutan yang dibungkus dengan bahasa agama. Pembedaan rohani adalah kesetiaan. Pembedaan menolong pembaruan tetap jernih, berbuah, dan berpusat pada Kristus, bukan menyimpang ke dalam kebingungan atau sikap berlebihan (Yoh. 15:4–5; Ibr. 12:28–29). Ketika gereja belajar menguji dengan rendah hati dan menerima dengan bijaksana, api itu dapat menyala dengan mantap dari satu generasi ke generasi berikutnya.[1] [2]

Tanggapan yang setia terhadap kritik tidak boleh berhenti pada bantahan. Tanggapan itu harus kembali kepada prinsip-prinsip alkitabiah yang memberi bentuk kepada pembaruan (Kis. 2:42; 2 Tim. 3:16–17). Apabila berbagai penyimpangan telah melekat di sekitar nyala api, jawabannya bukan menyangkal karya Roh, melainkan membawa setiap praktik kembali ke bawah ketuhanan Kristus dan otoritas Kitab Suci (Kol. 1:18; Kis. 17:11).[3]

Prinsip pertama adalah berpusat pada Kristus. Roh Kudus tidak datang untuk membesarkan pribadi manusia, gerakan, atau teknik tertentu. Ia memuliakan Yesus Kristus:

"Tetapi apabila Ia datang, yaitu Roh Kebenaran, Ia akan memimpin kamu ke dalam seluruh kebenaran ... Ia akan memuliakan Aku, sebab Ia akan memberitakan kepadamu apa yang diterimanya dari pada-Ku."
—Yohanes 16:13–14, TB 1974

Setiap kali pengalaman rohani, kuasa pribadi, atau keberhasilan yang terlihat menjadi lebih utama daripada Kristus, pembaruan sudah mulai kehilangan dasarnya yang benar (Kol. 1:18; 1 Kor. 2:1–5).[4]

Menempatkan Kristus sebagai pusat melindungi gereja dari kesombongan maupun kebingungan. Tujuan pembaruan bukan meninggikan diri, melainkan menjadi serupa dengan kehidupan, karakter, dan misi-Nya (Rm. 8:29; Flp. 2:5–8). Apabila sebuah gerakan tidak menghasilkan kasih yang lebih dalam kepada Kristus, ketaatan yang lebih besar kepada Firman-Nya, dan kesaksian yang lebih jelas tentang Injil-Nya, gerakan itu patut diperiksa dengan saksama (Yoh. 14:15; Mat. 28:18–20; Gal. 5:22–23).[5]

Prinsip kedua adalah otoritas Kitab Suci. Setiap klaim kebangunan, setiap pengajaran mengenai iman atau kesembuhan, setiap perkataan nubuat, dan setiap pengalaman rohani harus bertanggung jawab kepada Firman Allah yang tertulis. Paulus menulis:

"Segala tulisan yang diilhamkan Allah memang bermanfaat untuk mengajar, untuk menyatakan kesalahan, untuk memperbaiki kelakuan dan untuk mendidik orang dalam kebenaran. Dengan demikian tiap-tiap manusia kepunyaan Allah diperlengkapi untuk setiap perbuatan baik."
—2 Timotius 3:16–17, TB 1974

Kitab Suci bukan satu suara di antara banyak suara. Kitab Suci adalah standar yang digunakan untuk menguji setiap suara lainnya (Kis. 17:11; 1 Yoh. 4:1; Yes. 8:20).[6]

Hal ini tidak mempertentangkan Roh dengan Firman. Roh yang mengilhamkan Kitab Suci adalah Roh yang sama yang memimpin, menginsafkan, memberi kuasa, dan mengaruniakan berbagai karunia kepada gereja (2 Ptr. 1:21; Yoh. 16:8, 13; 1 Kor. 12:4–11). Karena itu, pembaruan yang sehat tidak menolak Alkitab dan juga tidak menolak Roh Kudus. Pembaruan itu dibentuk oleh Firman dan Roh secara bersama-sama (Ef. 6:17; Kis. 4:31).[7]

Kerendahan hati juga sama pentingnya. Pembaruan menjadi menyimpang ketika pengalaman rohani digunakan untuk meninggikan diri, membesar-besarkan otoritas, atau menolak koreksi (1 Ptr. 5:5–6; Ams. 16:18). Roh Kristus tidak membentuk kesombongan. Ia membentuk pertobatan, hati yang dapat diajar, kasih, dan kerendahan hati (Flp. 2:5–8; Gal. 5:22–23).[8]

Kerendahan hati juga membentuk kembali cara orang percaya memahami kuasa. Dalam Perjanjian Baru, kuasa rohani bukanlah kebebasan dari kelemahan. Paulus bersaksi bahwa kuasa Kristus menjadi sempurna dalam kelemahan dan bahwa kekuatan Allah dinyatakan melalui ketergantungan manusia (2 Kor. 12:9–10). Setiap teologi pembaruan yang tidak menyediakan tempat bagi penderitaan, keterbatasan, atau kelemahan pada akhirnya akan menjadi dangkal (Rm. 8:17; 1 Ptr. 4:12–13).[9]

Karena itu, tanggapan yang setia terhadap penyimpangan pengajaran kemakmuran harus memulihkan teologi penderitaan sekaligus teologi berkat. Allah memang menyediakan, menyembuhkan, dan campur tangan (Mat. 6:31–33; Yak. 5:14–16). Namun Perjanjian Baru tidak pernah mengajarkan bahwa iman menghapus semua pencobaan atau bahwa keberhasilan yang terlihat merupakan ukuran utama perkenanan Allah (Yoh. 16:33; Flp. 1:29; Ibr. 11:35–40).[10]

Pelayanan kesembuhan memerlukan keseimbangan yang sama. Gereja harus berdoa dengan berani bagi orang sakit, mengharapkan Allah bekerja, dan mengucap syukur atas kesaksian kesembuhan dan pembebasan (Yak. 5:14–16; Mrk. 5:34). Namun gereja juga harus tetap jujur, penuh belas kasih, dan sabar (Ef. 4:25; Kol. 3:12). Tidak setiap doa dijawab dengan segera, dan tidak setiap penyakit disingkirkan dengan cara atau pada musim yang sama (2 Kor. 12:7–10). Pelayanan yang setia tidak menekan orang yang menderita; pelayanan itu berjalan bersama mereka (Rm. 12:15; Gal. 6:2).[11]

Keseimbangan yang sama berlaku bagi pengakuan. Pengakuan alkitabiah penting karena menyelaraskan hati dan mulut dengan kebenaran Allah (Rm. 10:9–10; Mzm. 107:2). Pengakuan mengajar orang percaya mengucapkan iman, ucapan syukur, pertobatan, dan pengharapan (Ibr. 13:15; Mzm. 51:17). Namun pengakuan tidak boleh diperlakukan sebagai kendali verbal atas realitas. Pengakuan adalah tanggapan terhadap Firman Allah, bukan pengganti bagi kedaulatan Allah (Yak. 4:13–16; Mzm. 115:3).[12]

Otoritas juga harus dipahami di bawah ketuhanan Kristus. Orang percaya memang mengambil bagian dalam kemenangan Kristus dan dipanggil untuk berdoa, melawan kejahatan, serta melayani dalam nama-Nya (Luk. 10:19; Yak. 4:7). Namun otoritas Kristen adalah otoritas yang didelegasikan, bukan mutlak. Otoritas itu dijalankan dalam ketergantungan, ketaatan, dan ketundukan kepada tujuan-tujuan Allah (Mat. 28:18; Yoh. 15:5).[13]

Refleksi teologis yang lebih luas mendukung keseimbangan semacam ini. Sinclair Ferguson menekankan bahwa karya Roh Kudus pada dasarnya berpusat pada Kristus dan menguduskan, bukan sekadar menghasilkan pengalaman atau sensasi. Wayne Grudem berpendapat bahwa karunia-karunia rohani harus tetap tunduk kepada otoritas Alkitab dan pembedaan bersama di dalam komunitas. Bahkan suara kritis seperti John MacArthur, sekalipun berbeda dalam kesimpulan, mengingatkan gereja tentang perlunya kejelasan doktrinal dan keteraturan.[14] [15] [16]

Bila dipertimbangkan bersama-sama, berbagai pandangan tersebut mengarah kepada kesimpulan yang konsisten: pembaruan yang paling sehat adalah pembaruan ketika Roh memberi kehidupan kepada Firman, dan Firman memberikan kejelasan serta batas kepada pengalaman rohani. Kerangka ini juga menolong gereja membahas tokoh-tokoh karismatik yang berpengaruh dengan penghargaan sekaligus pembedaan.

Sebagai contoh, tulisan-tulisan devosional Benny Hinn memberikan kasus nyata mengenai pneumatologi pengalaman di dalam gerakan ini. Good Morning, Holy Spirit dan Welcome, Holy Spirit bukan teologi sistematika, tetapi kedua buku itu menunjukkan bagaimana banyak pembaca karismatik belajar berbicara mengenai persekutuan yang akrab dengan Roh Kudus. Karya-karya tersebut perlu dibahas sebagai teks primer yang berpengaruh, sambil tetap diuji oleh Kitab Suci dan doktrin Kristen historis.[17]

Teologi kelanjutan karunia Wayne Grudem dan kritik John MacArthur terhadap ketidakteraturan mungkin sangat berbeda, tetapi jika dibaca bersama-sama keduanya mendorong gereja menuju keterbukaan yang penuh hormat di bawah kendali alkitabiah.[18] [19]

Akhirnya, setiap tanggapan terhadap kritik harus berakar dalam kerendahan hati dan pertanggungjawaban. Salah satu bahaya yang terus berulang adalah bahasa rohani dapat terpisah dari karakter yang menyerupai Kristus. Perjanjian Baru mengoreksi hal ini melalui teladan Yesus sendiri, yang "telah mengosongkan diri-Nya ... dan merendahkan diri-Nya" (Flp. 2:7–8). Karena itu, klaim kuasa rohani tidak hanya diukur melalui hasil yang terlihat, tetapi juga melalui kerendahan hati, kekudusan, dan ketaatan.

Prinsip ini juga membentuk kepemimpinan di dalam gereja. Kitab Suci berkata:

"Sebab Allah tidak menghendaki kekacauan, tetapi damai sejahtera ... Tetapi segala sesuatu harus berlangsung dengan sopan dan teratur."
—1 Korintus 14:33, 40, TB 1974

Pertanggungjawaban, pembedaan rohani, dan kesediaan menerima koreksi bukanlah penghalang bagi pembaruan. Semuanya merupakan perlindungan bagi kesehatannya (Ibr. 13:17; Ams. 12:15). Di mana kerendahan hati, pengujian, dan pertanggungjawaban hadir, nyala api tetap murni. Di mana semuanya tidak ada, bahkan kerinduan rohani yang tulus dapat menjadi menyimpang.[20] [21]

Setelah berbagai kekhawatiran tersebut ditanggapi, mulai muncul visi pembaruan yang lebih jelas dan seimbang. Tujuannya bukan meninggalkan vitalitas rohani atau membela setiap ekspresinya tanpa pertanyaan. Tujuannya adalah kehidupan yang berakar dalam Kitab Suci dan hidup dalam Roh (Kis. 2:42; Yoh. 16:13). Ketika iman dipahami dengan benar, pengakuan berakar dalam kebenaran, otoritas dijalankan di bawah Kristus, dan kerendahan hati mengatur praktik, nyala api menjadi mantap, jernih, dan bertahan lama (Kol. 2:6–7; Gal. 5:22–23).[22]

Hal ini secara alami membawa kita kepada pertanyaan berikutnya. Apabila pembaruan yang setia dan berpusat pada Kristus terlihat seperti ini secara teologis, bagaimana pembaruan itu dihidupi? Seperti apakah visi yang seimbang ini dalam irama kehidupan biasa berupa doa, penyembahan, ketaatan, penderitaan, dan ketekunan (Rm. 12:1–2; Kol. 3:16–17; Yak. 1:2–4)? Bab berikutnya beralih kepada kehidupan praktis tersebut.[23]

REFLEKSI PENULIS

Bab ini sangat penting bagi saya karena menunjukkan bahwa gereja tidak harus memilih antara sikap dingin dan kebingungan. Ketika ajaran atau praktik menjadi menyimpang, kebenaran alkitabiah yang ada di baliknya tidak seharusnya dibuang. Kebenaran-kebenaran itu harus dimurnikan, dikoreksi, dan dibawa kembali ke bawah otoritas Kristus dan Kitab Suci.

Saya mempelajari hal ini secara pribadi setelah Allah memulihkan keadaan keuangan kami antara tahun 1998 dan 2001. Pemulihan tidak membuat hidup menjadi sederhana atau dapat diprediksi. Sebaliknya, saya mulai merasakan bahwa Tuhan memanggil kami untuk melangkah maju dan akhirnya pindah ke Amerika Serikat. Dalam banyak hal, langkah tersebut terasa seperti perjalanan Abraham: menaati Allah tanpa mengetahui sepenuhnya seperti apakah masa depan. Kami tidak berpindah karena semuanya nyaman. Kami berpindah karena percaya bahwa Allah sedang memimpin.

Masa itu mengajarkan kepada saya bahwa kedewasaan tidak hanya diukur melalui karunia rohani, berkat yang terlihat, atau keberhasilan lahiriah. Kedewasaan juga diukur melalui penyerahan diri. Iman bukan sekadar menerima sesuatu dari Allah; iman adalah mengikuti-Nya ketika arah-Nya menuntut sebuah permulaan yang baru. Perkataan Paulus menjadi sangat berarti bagi saya: "Segala perkara dapat kutanggung di dalam Dia yang memberi kekuatan kepadaku" (Flp. 4:13). Bagi saya, ayat itu tidak berarti saya dapat mengendalikan setiap hasil. Ayat itu berarti Kristus dapat menguatkan saya untuk menaati-Nya, baik dalam kelimpahan maupun ketidakpastian.

Ketika melihat kembali, saya menyadari bahwa inilah sebagian dari cara menjaga api tetap murni. Tujuannya bukan kemakmuran demi kemakmuran itu sendiri atau kuasa rohani demi kepentingan pribadi. Tujuannya adalah menyenangkan Allah, dipimpin Roh Kudus, dan mengikuti Yesus ke mana pun Ia memimpin. Penyerahan diri semacam itu menjaga pembaruan agar tidak menjadi berpusat pada diri sendiri dan membawanya kembali ke bawah ketuhanan Kristus.

Itulah sebabnya saya percaya bahwa jawaban terhadap penyalahgunaan bukanlah meninggalkan semuanya. Jawabannya adalah pembedaan rohani, kerendahan hati, dan kembali kepada Yesus sendiri. Apa yang alkitabiah harus diterima. Apa yang dibesar-besarkan atau manipulatif harus dikoreksi. Apa yang palsu harus ditolak. Dengan cara itu, nyala api dapat dijaga tetap murni.

CATATAN BAB 4

1. B. B. Warfield, Counterfeit Miracles (Edinburgh: Banner of Truth Trust, 1972; karya asli diterbitkan pada 1918).

2. Tesis konstruktif Bab 4: pembedaan rohani bukanlah permusuhan terhadap pembaruan, melainkan sarana untuk memelihara pembaruan yang sejati.

3. Prinsip tanggapan: koreksi harus bersifat reformatoris, membawa pembaruan kembali ke bawah Kristus dan Kitab Suci, bukan meninggalkannya.

4. Koreksi utama: seluruh pembaruan harus secara jelas meninggikan Kristus, bukan berpusat pada pengalaman.

5. Ujian pastoral bahwa pembaruan yang berpusat pada Kristus menghasilkan kasih kepada Kristus, ketaatan kepada Firman-Nya, dan kesaksian Injil yang lebih jelas.

6. Prinsip doktrinal bahwa Kitab Suci merupakan norma untuk menguji seluruh klaim, pengalaman, dan ajaran pembaruan.

7. Prinsip Firman-dan-Roh bahwa pembaruan sejati menghormati otoritas Alkitab sekaligus karya aktif Roh Kudus.

8. Prinsip kerendahan hati: pembaruan yang autentik membentuk pertobatan, hati yang dapat diajar, kasih, dan karakter yang menyerupai Kristus.

9. Koreksi teologis bahwa kuasa rohani dalam Perjanjian Baru selaras dengan kelemahan dan ketergantungan.

10. Prinsip korektif: pembaruan yang setia harus mencakup teologi penderitaan sekaligus teologi berkat.

11. Perlindungan pastoral bagi pelayanan kesembuhan: doa yang berani harus tetap jujur, penuh belas kasih, sabar, dan bebas dari tekanan.

12. Penjelasan bahwa pengakuan alkitabiah menanggapi Firman Allah, tetapi tidak menggantikan kedaulatan Allah.

13. Koreksi doktrinal bahwa otoritas orang percaya adalah otoritas yang didelegasikan, bergantung, dan dijalankan di bawah ketuhanan Kristus.

14. Sinclair B. Ferguson, The Holy Spirit, Contours of Christian Theology (Downers Grove, IL: InterVarsity Press, 1996).

15. Wayne A. Grudem, Systematic Theology: An Introduction to Biblical Doctrine (Grand Rapids, MI: Zondervan, 1994).

16. John F. MacArthur Jr., Charismatic Chaos (Grand Rapids, MI: Zondervan, 1992).

17. Benny Hinn, Good Morning, Holy Spirit (Nashville, TN: Thomas Nelson, 1990); Benny Hinn, Welcome, Holy Spirit (Nashville, TN: Thomas Nelson, 1994).

18. Wayne A. Grudem, Systematic Theology: An Introduction to Biblical Doctrine (Grand Rapids, MI: Zondervan, 1994).

19. John F. MacArthur Jr., Charismatic Chaos (Grand Rapids, MI: Zondervan, 1992).

20. Prinsip gerejawi bahwa otoritas dan kepemimpinan rohani harus dijalankan dengan keteraturan, pertanggungjawaban, dan koreksi.

21. Perlindungan pastoral bahwa kerendahan hati, pengujian, dan pertanggungjawaban menolong menjaga kerinduan rohani agar tidak menjadi menyimpang.

22. Sintesis konstruktif bahwa pembaruan yang seimbang berakar dalam Kitab Suci, hidup dalam Roh, dan diatur oleh iman, kebenaran, otoritas di bawah Kristus, serta kerendahan hati.

23. Peralihan dari tanggapan doktrinal menuju praktik pembaruan dalam kehidupan Kristen sehari-hari.

BAB 5
MENGHIDUPI NYALA API

"Kamu telah menerima Kristus Yesus, Tuhan kita. Karena itu hendaklah hidupmu tetap di dalam Dia. Hendaklah kamu berakar di dalam Dia dan dibangun di atas Dia, hendaklah kamu bertambah teguh dalam iman yang telah diajarkan kepadamu, dan hendaklah hatimu melimpah dengan syukur."

—Kolose 2:6–7, TB 1974

Pembaruan yang telah diuji dan dibawa kembali ke bawah otoritas Kitab Suci tidak dapat berhenti sebagai gagasan. Pembaruan itu harus dihidupi. Bab-bab sebelumnya telah menunjukkan bahwa nyala api harus berakar dalam Firman, dibentuk oleh kerendahan hati, dan dilindungi melalui pembedaan rohani. Kini pertanyaannya menjadi lebih praktis: seperti apakah semua itu pada hari yang biasa? Api melemah apabila diabaikan, dan hal yang sama berlaku bagi kehidupan rohani. Apa yang Allah nyalakan dalam suatu momen harus dipelihara melalui pola-pola doa, penyembahan, ketaatan, dan ketekunan yang setia.

Kisah Para Rasul 2:42 memberikan gambaran sederhana mengenai kehidupan semacam itu:

"Mereka bertekun dalam pengajaran rasul-rasul dan dalam persekutuan. Dan mereka selalu berkumpul untuk memecahkan roti dan berdoa."

—Kisah Para Rasul 2:42, TB 1974

Gereja yang dipenuhi Roh Kudus tidak hanya ditandai oleh momen-momen yang penuh kuasa. Gereja itu juga dibentuk oleh kesinambungan: kehidupan bersama, penyembahan, kebenaran, dan doa yang dipraktikkan berulang kali. Pentakosta memberikan api kepada gereja, tetapi pengabdian sehari-hari menjaga agar api itu tidak menjadi dangkal.

Doa berada dekat dengan pusat kehidupan tersebut. Secara alkitabiah, doa lebih daripada sekadar membawa permohonan kepada Allah. Doa adalah persekutuan, ketergantungan, pengakuan, ucapan syukur, dan syafaat. Kitab Suci mengundang orang percaya membawa setiap kekhawatiran ke dalam hadirat Allah:

"Janganlah hendaknya kamu kuatir tentang apa pun juga, tetapi nyatakanlah dalam segala hal keinginanmu kepada Allah dalam doa dan permohonan dengan ucapan syukur. Damai sejahtera Allah, yang melampaui segala akal, akan memelihara hati dan pikiranmu dalam Kristus Yesus."

—Filipi 4:6–7, TB 1974

Doa mungkin tidak segera menyingkirkan setiap beban, tetapi doa mengarahkan kembali orang percaya kepada Pribadi yang memikul beban itu dan menjaga hati dengan damai sejahtera-Nya.

Itulah sebabnya doa selalu berada di pusat pembaruan yang sejati. Vitalitas rohani tidak bertumbuh hanya dari kegairahan; vitalitas itu bertumbuh ketika orang percaya terus mengarahkan perhatian mereka kepada Allah dari waktu ke waktu (Luk. 18:1; Kol. 4:2; 1 Tes. 5:17).[1] [2]

Gereja yang berdoa mengakui bahwa kehidupan tidak berasal dari dirinya sendiri. Gereja memandang kepada Allah untuk hikmat, kekuatan, penyucian, dan kuasa (Yak. 1:5; Ef. 3:16; 1 Yoh. 1:9). Doa menjaga gereja dari sikap mengandalkan diri sendiri dan kembali mengakar pelayanannya dalam ketergantungan kepada Kristus (Yoh. 15:5).[3] [4]

Doa mengarahkan hati kepada Allah dalam ketergantungan; penyembahan mengajar hati untuk tetap berada di hadapan-Nya dalam rasa hormat, ucapan syukur, dan penyerahan diri.

Penyembahan juga memelihara kehidupan rohani. Yesus mengajarkan bahwa Bapa mencari penyembah yang menyembah "dalam roh dan kebenaran" (Yoh. 4:23–24). Karena itu, penyembahan lebih luas daripada musik, gaya, atau ekspresi lahiriah. Penyembahan adalah tanggapan seluruh pribadi terhadap kebesaran dan kekudusan Allah (Mzm. 96:9; Ibr. 12:28). Penyembahan mencakup rasa hormat, ucapan syukur, pemujaan, dan penyerahan yang dibentuk oleh kebenaran (Kol. 3:16–17).[5]

Penyembahan tidak berakhir ketika lagu atau pertemuan selesai; penyembahan berlanjut ketika seluruh kehidupan dipersembahkan kepada Allah dalam ketaatan.

Kekudusan memberikan bentuk moral kepada pembaruan. Paulus menulis:

"Karena itu, saudara-saudara, demi kemurahan Allah aku menasihatkan kamu, supaya kamu mempersembahkan tubuhmu sebagai persembahan yang hidup, yang kudus dan yang berkenan kepada Allah ... Janganlah kamu menjadi serupa dengan dunia ini, tetapi berubahlah oleh pembaharuan budimu."
—Roma 12:1–2, TB 1974

Perubahan itu menjangkau lebih daripada pengalaman batin. Perubahan itu mengubah cara orang percaya berpikir, berbicara, bertindak, dan memperlakukan orang lain (Ef. 4:22–24, 29–32). Pembaruan yang tidak bergerak menuju kekudusan pada akhirnya kehilangan kredibilitasnya (Ibr. 12:14).[6]

Buah Roh merupakan salah satu ukuran yang paling jelas dari karya ini. Dalam Galatia 5, Paulus menggambarkan kehidupan yang tidak hanya ditandai oleh pengalaman rohani, tetapi juga oleh karakter:

"Tetapi buah Roh ialah: kasih, sukacita, damai sejahtera, kesabaran, kemurahan, kebaikan, kesetiaan, kelemahlembutan, penguasaan diri."
—Galatia 5:22–23, TB 1974

Kualitas-kualitas ini menunjukkan karya pengudusan Roh dalam hubungan sehari-hari dan memberikan tanda kedewasaan yang dapat dipercaya (Yoh. 15:8).[7]

Doa bagi kesembuhan juga termasuk dalam kehidupan yang dibentuk oleh Roh. Kitab Suci mendorong orang percaya untuk mendoakan orang sakit dan mempercayai belas kasih serta kuasa Allah:

"Kalau ada seorang di antara kamu yang sakit, baiklah ia memanggil para penatua jemaat supaya mereka mendoakan dia ... Dan doa yang lahir dari iman akan menyelamatkan orang sakit itu dan Tuhan akan membangunkan dia ... Karena itu hendaklah kamu saling mengaku dosamu dan saling mendoakan, supaya kamu sembuh."
—Yakobus 5:14–16, TB 1974

Kesembuhan bukan persoalan sampingan dalam pelayanan gereja; Yesus mengutus para murid-Nya untuk memberitakan Kerajaan dan melayani orang sakit (Mat. 10:7–8). Karena itu, orang percaya seharusnya berdoa dengan iman dan pengharapan (Mrk. 11:22–24).[8]

Pelayanan kesembuhan juga memerlukan kerendahan hati. Tidak setiap penyakit disingkirkan dengan segera, dan tidak setiap doa dijawab dengan cara yang sama (2 Kor. 12:7–10). Karena itu, gereja harus menolak menjadikan kesembuhan sebagai ukuran keberhasilan atau kegagalan rohani. Orang yang menderita bukanlah masalah yang harus diselesaikan, melainkan pribadi yang harus dikasihi (Rm. 12:15; Gal. 6:2).[9]

Kathryn Kuhlman dan Smith Wigglesworth merupakan saksi penting bagi penekanan kesembuhan ini. I Believe in Miracles karya Kuhlman melestarikan suasana, kesaksian, dan pengharapan yang membentuk banyak orang percaya karismatik pada masa kemudian. Ever Increasing Faith dan berbagai pengajaran kesembuhan Wigglesworth menunjukkan bagaimana keyakinan yang berani kepada kuasa Allah diberitakan dalam konteks Pentakostal dan gerakan kesembuhan awal. Sumber-sumber tersebut tidak menggantikan pengujian alkitabiah, tetapi membantu menjelaskan imajinasi dan pengharapan yang dihidupi dalam doa kesembuhan di dalam gerakan tersebut (Kis. 17:11; 1 Tes. 5:21).[10] [11]

Keseimbangan ini diperlukan karena kritik-kritik sebelumnya telah menunjukkan apa yang terjadi ketika penderitaan diabaikan. Orang percaya dapat dibiarkan tidak siap menghadapi tekanan nyata dalam kehidupan Kristen atau dibebani dengan pengharapan yang tidak realistis mengenai kemenangan yang terus-menerus terlihat.[12] Kitab Suci mempersiapkan orang percaya dengan cara yang berbeda. Kitab Suci mengajarkan bahwa pencobaan menguji iman dan menghasilkan ketekunan (Rm. 5:3–5; Yak. 1:2–4).[13]

Karena itu, penderitaan bukanlah gangguan dalam kehidupan Kristen yang berusaha disembunyikan Kitab Suci. Penderitaan merupakan salah satu tempat di mana iman diuji dan diperdalam (1 Ptr. 4:12–13). Paulus menulis bahwa kesengsaraan menghasilkan ketekunan, tahan uji, dan pengharapan (Rm. 5:3–4). Ia juga bersaksi bahwa kasih karunia Allah terbukti cukup dalam kelemahan (2 Kor. 12:9).[14]

Kebiasaan sehari-hari memberikan pemeliharaan yang stabil bagi jiwa. Membaca Kitab Suci, berdoa, mengaku, menyembah, berpuasa, dan melakukan perbuatan belas kasih merupakan praktik-praktik biasa, tetapi semuanya menolong hati tetap peka kepada Allah (Mzm. 1:2–3; Mat. 6:6, 16–18; Ibr. 13:15–16). Praktik-praktik tersebut tidak menggantikan karya Roh. Semuanya adalah cara orang percaya tetap tanggap kepada-Nya (Gal. 5:16, 25).[15] [16]

Dengan demikian, menghidupi nyala api bukan sekadar mempertahankan suatu perasaan rohani. Menghidupi nyala api berarti berjalan di bawah ketuhanan Kristus dalam doa, penyembahan, kekudusan, ketekunan, dan ketaatan (Kol. 2:6–7; Rm. 12:12). Hal itu berarti menerima kasih karunia dalam terobosan maupun pencobaan, berjalan dalam Roh sambil tetap berakar dalam kebenaran (Gal. 5:16; Yoh. 17:17), serta mempraktikkan kebiasaan-kebiasaan yang menjaga jiwa tetap terbuka kepada Allah dari waktu ke waktu. Ketika kehidupan seperti ini berakar, pembaruan tidak lagi bergantung pada intensitas sesaat. Pembaruan itu menjadi kesaksian yang stabil mengenai kehidupan Kristus sendiri (Yoh. 15:4–5).[17]

REFLEKSI PENULIS

Saya telah belajar bahwa nyala api tidak tetap hidup hanya melalui momen-momen khusus. Nyala api itu harus dipelihara dalam kehidupan sehari-hari—melalui doa, penyembahan, kekudusan, ketaatan, dan ketekunan. Beberapa musim bersama Allah penuh kuasa dan tidak terlupakan, tetapi sebagian besar kehidupan Kristen dibangun di tempat-tempat yang lebih sunyi, ketika mungkin tidak ada seorang pun yang melihat.

Dalam pelayanan bersama istri saya, Rima, khususnya dalam doa kesembuhan dan pendampingan pastoral, kami berulang kali menyaksikan hal ini. Orang percaya yang paling kuat tidak selalu merupakan orang yang paling terlihat atau paling dramatis. Sering kali mereka adalah orang-orang yang terus berdoa, terus mempercayai Kristus, tetap dekat dengan Kitab Suci, dan mempertahankan kerendahan hati ketika jawaban tertunda. Kitab Suci mengajarkan bahwa kesengsaraan menghasilkan ketekunan, ketekunan menghasilkan tahan uji, dan tahan uji menghasilkan pengharapan, serta bahwa kekuatan Kristus menjadi sempurna dalam kelemahan. Hal itu membentuk pemahaman saya mengenai arti menghidupi nyala api: berjalan dengan setia bersama Yesus dalam keadaan yang biasa maupun yang luar biasa.

Saya juga telah belajar bahwa memelihara nyala api dalam kehidupan sehari-hari tidak selalu mudah. Kita tidak mempertahankannya hanya dengan kekuatan atau tekad kita sendiri. Roh Kudus menguatkan kita bukan dengan keperkasaan kita, melainkan dengan kuasa dan kasih karunia-Nya. Berulang kali saya harus mengingat bahwa Yesus adalah Imanuel, Allah beserta kita. Ia tidak meninggalkan umat-Nya sendirian dalam pergumulan mereka. Ia menolong, memberikan jalan ke depan, dan berjanji memberi hikmat dengan murah hati ketika kita meminta kepada-Nya dalam iman (Yak. 1:5).

Hal ini menjadi sangat nyata ketika Rima dan saya pindah ke Amerika Serikat. Kami tidak pindah karena mengejar "American Dream." Kami pindah karena saya percaya Allah menyuruh saya pergi, dan Rima serta saya memilih taat tanpa mengetahui apa yang akan terjadi pada masa depan. Kami datang bersama Kezia, Gerrit, dan Samuel ketika mereka masih kecil: Kezia dan Gerrit berusia sekitar tujuh tahun, sedangkan Samuel sekitar dua setengah tahun. Tahun-tahun awal tersebut tidak mudah. Rima dan saya sering harus bekerja pada giliran yang berbeda, siang dan malam, agar kami dapat merawat anak-anak dan terus membangun kehidupan di negara yang baru.

Namun satu hal menjadi jelas bagi kami: selama kami tetap berakar dalam Kristus, menyediakan waktu pribadi bersama Allah, tetap melayani, dan berdoa bersama setiap hari sebagai keluarga, nyala api itu tidak meredup. Kami sedang belajar apa yang dikatakan Kitab Suci: "Kita malah bermegah juga dalam kesengsaraan kita, karena kita tahu, bahwa kesengsaraan itu menimbulkan ketekunan, dan ketekunan menimbulkan tahan uji dan tahan uji menimbulkan pengharapan" (Rm. 5:3–4).

Yakobus mengajarkan kebenaran yang sama: "Saudara-saudaraku, anggaplah sebagai suatu kebahagiaan, apabila kamu jatuh ke dalam berbagai-bagai pencobaan, sebab kamu tahu, bahwa ujian terhadap imanmu itu menghasilkan ketekunan. Dan biarkanlah ketekunan itu memperoleh buah yang matang, supaya kamu menjadi sempurna dan utuh dan tak kekurangan suatu apa pun" (Yak. 1:2–4).

Ketika melihat kembali sekarang, kami dapat mengatakan bahwa perjalanan itu sepadan. Apa yang kami tanamkan kepada anak-anak kami—teladan memelihara nyala api, hidup oleh Roh, tetap berakar dalam Kitab Suci, dan menjalani kehidupan yang dibentuk oleh Firman—telah memengaruhi mereka sampai hari ini. Ketika mengenang lebih dari dua puluh enam tahun sejak pindah ke Amerika Serikat, dari masa awal pelayanan kami di Philadelphia sampai perpindahan ke California dan kehidupan kami di City Blessing Church, kami mengingat kesetiaan Allah. Bahkan sekarang, ketika kami melayani sebagai pemimpin kelompok sel, pengkhotbah, dan pemimpin dalam pelayanan Healing Rooms, kami mengetahui bahwa kami masih membutuhkan Roh Kudus untuk menyegarkan kami setiap hari.

CATATAN BAB 5

1. Richard J. Foster, Celebration of Discipline: The Path to Spiritual Growth (San Francisco: Harper & Row, 1978).

2. E. M. Bounds, Power through Prayer (Grand Rapids, MI: Baker Book House, 1972).

3. Penekanan pastoral bahwa pembaruan yang bertahan dipelihara oleh doa yang tekun, bukan oleh kegairahan sesaat.

4. Prinsip gerejawi bahwa doa melindungi gereja dari sikap mengandalkan diri sendiri dan menjaga ketergantungannya kepada Kristus.

5. Uraian teologis mengenai penyembahan sebagai tanggapan seluruh kehidupan kepada Allah dalam kebenaran dan rasa hormat.

6. Ujian moral bagi pembaruan: vitalitas rohani harus menghasilkan perilaku yang berubah dan kehidupan yang kudus.

7. Ujian pastoral bahwa karakter merupakan salah satu bukti paling jelas bagi pembaruan yang autentik.

8. Penegasan teologis bahwa doa kesembuhan termasuk dalam pelayanan gereja yang dibentuk oleh Roh.

9. Perlindungan pastoral bahwa pelayanan kesembuhan harus tetap rendah hati, penuh belas kasih, dan bebas dari tekanan atau tuduhan.

10. Kathryn Kuhlman, I Believe in Miracles (Englewood Cliffs, NJ: Prentice-Hall, 1962); Smith Wigglesworth, Ever Increasing Faith (Springfield, MO: Gospel Publishing House, 1924).

11. Catatan metodologis: sumber-sumber dari gerakan kesembuhan menjelaskan pengharapan yang dihidupi, tetapi harus tetap tunduk kepada pengujian alkitabiah.

12. D. R. McConnell, A Different Gospel: Biblical and Historical Insights into the Word of Faith Movement, edisi diperbarui (Peabody, MA: Hendrickson Publishers, 1995).

13. Koreksi pastoral bahwa Kitab Suci mempersiapkan orang percaya untuk bertahan, bukan untuk pengharapan yang tidak realistis mengenai kemenangan yang selalu terlihat.

14. Teologi penderitaan: pencobaan dapat menjadi konteks bagi iman yang diuji, ketekunan, karakter, pengharapan, dan ketergantungan kepada kasih karunia.

15. Richard J. Foster, Celebration of Discipline: The Path to Spiritual Growth (San Francisco: Harper & Row, 1978).

16. Penjelasan pastoral bahwa disiplin rohani merupakan sarana untuk memberi perhatian dan menanggapi Roh, bukan pengganti kasih karunia.

17. Sintesis penutup Bab 5: nyala api menjadi stabil ketika doa, penyembahan, kekudusan, ketekunan, dan ketaatan sehari-hari menjadi pola kehidupan yang biasa.

BAB 6
NYALA API DALAM KOMUNITAS

"Dengan bertekun dan dengan sehati mereka berkumpul tiap-tiap hari dalam Bait Allah. Mereka memecahkan roti di rumah masing-masing secara bergilir dan makan bersama-sama dengan gembira dan dengan tulus hati, sambil memuji Allah. Dan mereka disukai semua orang. Dan tiap-tiap hari Tuhan menambah jumlah mereka dengan orang yang diselamatkan."

—Kisah Para Rasul 2:46–47, TB 1974

Nyala api tidak pernah dimaksudkan untuk dipikul seorang diri. Sejak awal, kehidupan Roh dicurahkan ke atas suatu umat, bukan hanya kepada pribadi-pribadi yang terpisah (Kis. 2:1–4; 1 Kor. 12:12–13). Pentakosta merupakan peristiwa bersama, dan kehidupan yang mengikutinya ditandai oleh persekutuan, doa, kemurahan hati, perhatian timbal balik, dan kesaksian di depan umum:

"Mereka bertekun dalam pengajaran rasul-rasul dan dalam persekutuan, dan mereka selalu berkumpul untuk memecahkan roti dan berdoa ... Dan semua orang yang telah menjadi percaya tetap bersatu, dan segala kepunyaan mereka adalah kepunyaan bersama ... Dengan bertekun dan dengan sehati mereka berkumpul tiap-tiap hari dalam Bait Allah dan memecahkan roti di rumah masing-masing ... sambil memuji Allah dan mereka disukai semua orang."

—Kisah Para Rasul 2:42–47, TB 1974

Karena itu, pembaruan selalu membutuhkan bentuk yang komunal. Bila disimpan sebagai pengalaman pribadi, pembaruan menjadi rapuh. Bila dihidupi dalam tubuh Kristus, pembaruan memperoleh dukungan, koreksi, kedalaman, dan ungkapan yang terlihat.[1]

Perjanjian Baru berulang kali menggambarkan gereja sebagai tubuh. Tidak ada anggota yang berdiri sendiri atau menyediakan segala sesuatu oleh dirinya sendiri. Paulus menulis:

"Karena sama seperti tubuh itu satu dan anggota-anggotanya banyak ... demikian pula Kristus ... Andaikata kaki berkata: Karena aku bukan tangan, aku tidak termasuk tubuh, jadi benarkah ia tidak termasuk tubuh? ... Tetapi Allah telah memberikan kepada anggota, masing-masing secara khusus, suatu tempat pada tubuh, seperti yang

dikehendaki-Nya ... Kamu semua adalah tubuh Kristus dan kamu masing-masing adalah anggotanya."

—1 Korintus 12:12–27, TB 1974

Setiap orang menjadi milik yang lain dan memiliki bagian untuk dijalankan (Rm. 12:4–5). Visi ini menantang individualisme sekaligus kesombongan rohani. Kehidupan yang dipenuhi Roh tidak dipelihara oleh karunia yang berjalan sendiri, melainkan oleh ketergantungan timbal balik di bawah Kristus, Kepala gereja (Kol. 1:18; Ef. 4:15–16).[2]

Karena itu, persekutuan lebih daripada hubungan sosial yang bersahabat. Persekutuan adalah partisipasi bersama dalam kehidupan Kristus (Kis. 2:42; 1 Yoh. 1:7). Dalam kehidupan bersama tersebut, orang percaya saling menguatkan, menanggung beban, mengakui dosa, bersukacita bersama, dan bertahan bersama dalam pencobaan. Paulus memberikan perintah sederhana mengenai menanggung beban:

"Bertolong-tolonganlah menanggung bebanmu! Demikianlah kamu memenuhi hukum Kristus."

—Galatia 6:2, TB 1974

Kehidupan rohani menjadi lebih kuat ketika hubungan dibentuk oleh kasih karunia, kebenaran, kesabaran, dan kasih yang teguh (Yak. 5:16; Rm. 12:15; Ef. 4:15; Kol. 3:12–14).[3]

Kehidupan bersama yang sama juga membutuhkan pertemuan dan dorongan yang disengaja. Kitab Ibrani menasihati orang percaya:

"Marilah kita saling memperhatikan supaya kita saling mendorong dalam kasih dan dalam pekerjaan baik. Janganlah kita menjauhkan diri dari pertemuan-pertemuan ibadah kita ... tetapi marilah kita saling menasihati."

—Ibrani 10:24–25, TB 1974

Karena itu, komunitas bukan hanya tempat untuk merasa menjadi bagian. Komunitas adalah tempat orang percaya didorong menuju kasih, dikuatkan dalam ketekunan, dan diingatkan agar tidak berjalan sendirian.

Kehidupan bersama seperti itu harus diatur oleh kasih, sebab tanpa kasih bahkan komunitas rohani yang paling aktif pun kehilangan kesaksiannya.

Karena itu, kasih berada di pusat kehidupan komunitas. Karunia-karunia rohani penting, dan pelayanan publik mungkin terlihat, tetapi tanpa kasih gereja kehilangan integritasnya. Paulus menyatakannya dengan sangat jelas:

"Sekalipun aku dapat berkata-kata dengan semua bahasa manusia dan bahasa malaikat, tetapi jika aku tidak mempunyai kasih, aku sama dengan gong yang berkumandang dan canang yang gemerincing. Sekalipun aku mempunyai karunia untuk bernubuat ... dan sekalipun aku memiliki iman yang sempurna untuk memindahkan gunung, tetapi jika aku tidak mempunyai kasih, aku sama sekali tidak berguna ... tetapi jika aku tidak mempunyai kasih, sedikit pun tidak ada faedahnya bagiku."

—1 Korintus 13:1–3, TB 1974

Api gereja tidak hanya diukur dari kuasa, ekspresi, atau intensitas. Api itu diukur melalui kasih yang menyerupai Kristus (Yoh. 13:34–35; Gal. 5:6).[4]

Karunia-karunia Roh berada di dalam kehidupan bersama ini. Kitab Suci mengajarkan bahwa karunia diberikan "untuk kepentingan bersama" (1 Kor. 12:7). Petrus memberikan penekanan komunal yang sama:

"Layanilah seorang akan yang lain, sesuai dengan karunia yang telah diperoleh tiap-tiap orang sebagai pengurus yang baik dari kasih karunia Allah ... Jika ada orang yang melayani, baiklah ia melakukannya dengan kekuatan yang dianugerahkan Allah, supaya Allah dimuliakan dalam segala sesuatu karena Yesus Kristus."

—1 Petrus 4:10–11, TB 1974

Karunia rohani bukanlah piala pribadi atau tanda keunggulan. Bila digunakan dengan benar, karunia menguatkan gereja, mendorong orang percaya, dan menolong tubuh Kristus bertumbuh menuju kedewasaan (Rm. 12:6–8; Ef. 4:11–13).[5]

Karena karunia diberikan bagi kebaikan seluruh tubuh, penggunaannya harus dibentuk oleh kebebasan sekaligus tanggung jawab.

Karena karunia memengaruhi seluruh gereja, penggunaannya membutuhkan keterbukaan sekaligus keteraturan. Perjanjian Baru tidak memerintahkan orang percaya untuk menekan ungkapan rohani

(1 Tes. 5:19–20), tetapi juga tidak mengizinkan kebingungan, persaingan, atau kekacauan (1 Kor. 14:33, 40). Paulus mengajarkan bahwa kontribusi rohani harus menguatkan tubuh:

"Bilamana kamu berkumpul, hendaklah tiap-tiap orang mempersembahkan sesuatu: yang seorang mazmur, yang lain pengajaran atau penyataan Allah, atau karunia bahasa roh, atau karunia untuk menafsirkan bahasa roh, tetapi semuanya itu harus dipergunakan untuk membangun."
—1 Korintus 14:26, TB 1974

Gereja menyambut karya Roh sambil memastikan bahwa segala sesuatu membangun tubuh Kristus.[6]

Kesatuan merupakan tanda lain dari komunitas sehat yang dipenuhi Roh. Roh yang memenuhi gereja juga mengikat orang percaya dalam damai sejahtera (Ef. 4:3–4). Paulus menggambarkan kesatuan ini sebagai tubuh yang bertumbuh di bawah Kristus:

"Dengan teguh berpegang kepada kebenaran di dalam kasih kita bertumbuh di dalam segala hal ke arah Dia, Kristus, yang adalah Kepala. Dari pada-Nyalah seluruh tubuh, yang rapi tersusun dan diikat menjadi satu oleh pelayanan semua bagiannya ... menerima pertumbuhannya dan membangun dirinya dalam kasih."
—Efesus 4:15–16, TB 1974

Kesatuan ini tidak menghapus perbedaan, tetapi memanggil gereja untuk meninggalkan perpecahan, persaingan, dan peninggian diri (Flp. 2:1–4; 1 Kor. 1:10). Pembaruan menjadi tidak sehat ketika intensitas rohani bertumbuh lebih cepat daripada kedewasaan hubungan.[7]

Sikap saling tunduk turut melindungi kesatuan itu. Perjanjian Baru berulang kali memanggil orang percaya kepada kerendahan hati, kesabaran, dan pelayanan satu terhadap yang lain. Paulus menulis:

"Dan rendahkanlah dirimu seorang kepada yang lain di dalam takut akan Kristus."
—Efesus 5:21, TB 1974

Kehidupan komunitas tidak dipelihara melalui kontrol, melainkan melalui ketaatan bersama di bawah ketuhanan Kristus, yang mengajar para pengikut-Nya untuk melayani, bukan menguasai (Mrk. 10:42–45; 1 Ptr. 5:5; Kol. 3:12–13).[8]

Pemeliharaan pastoral juga berada dekat dengan pusat pembaruan komunal. Gereja bukan hanya tempat penyembahan dan pelayanan; gereja adalah tempat orang digembalakan (Kis. 20:28; 1 Ptr. 5:2–3). Paulus menggambarkan bentuk perhatian bersama ini:

"Kami juga menasihati kamu, saudara-saudara, tegorlah mereka yang hidup dengan tidak tertib, hiburlah mereka yang tawar hati, belalah mereka yang lemah, sabarlah terhadap semua orang."

—1 Tesalonika 5:14, TB 1974

Di dalam tubuh Kristus, yang lemah dikuatkan, yang terluka dipelihara, yang menyimpang dipulihkan, dan yang menderita tidak ditinggalkan seorang diri (Gal. 6:1–2).[9]

Hal ini menjadi sangat penting selama masa intensitas rohani. Ketika pengalaman yang kuat, bahasa nubuat, atau pengharapan kesembuhan hadir, orang juga dapat membawa kebingungan, kekecewaan, atau pertanyaan yang belum terjawab. Komunitas yang sehat menyediakan ruang bagi kejujuran (Ef. 4:25). Komunitas itu menawarkan dorongan, koreksi, pembedaan, dan perhatian yang sabar tanpa memaksa orang segera melewati apa yang sedang mereka tanggung (1 Tes. 5:11, 14; Ams. 27:17).[10]

Koreksi dan pertanggungjawaban melayani kehidupan gereja. Keduanya bukan tanda bahwa pembaruan telah gagal; keduanya merupakan bagian dari cara Allah melindungi apa yang sedang dikerjakan-Nya (Ams. 12:1; Ibr. 12:11). Perjanjian Baru memanggil para pemimpin maupun orang percaya untuk menerima koreksi, menguji apa yang diajarkan, dan tetap terbuka kepada kebenaran sekalipun kebenaran itu sulit diterima (Kis. 17:11; 2 Tim. 4:2–5).[11]

Komunitas juga memberikan tempat yang tepat bagi pembedaan rohani. Kesan rohani, keputusan pelayanan, dan arah pribadi tidak dimaksudkan untuk dipikul seorang diri (Ams. 11:14; Kis. 13:1–3). Paulus memberikan contoh khusus mengenai penilaian bersama:

"Tentang nabi-nabi—baiklah dua atau tiga orang di antaranya berkata-kata dan yang lain menanggapi apa yang mereka katakan."

—1 Korintus 14:29, TB 1974

Dalam hubungan yang dapat dipertanggungjawabkan, orang percaya dapat menimbang, menguji, dan memperjelas apa yang mereka yakini sebagai tuntunan Allah (1 Tes. 5:21). Hal ini melindungi setiap pribadi dan menguatkan gereja secara keseluruhan.[12]

Karena itu, kehidupan bersama di dalam Kristus lebih daripada sekadar rasa memiliki. Kehidupan itu merupakan partisipasi dalam kehidupan umat Allah (Ef. 2:19–22). Artinya ialah kesatuan tanpa keseragaman, keragaman tanpa persaingan, karunia tanpa kesombongan, koreksi tanpa penolakan, dan perhatian tanpa kontrol (1 Kor. 12:4–7; Flp. 2:3–4). Dalam komunitas semacam itu, gereja menjadi terlihat sebagai tubuh, keluarga, dan tempat kediaman Roh Kudus (1 Tim. 3:15; Ef. 2:22). Komunitas yang sehat memungkinkan kehidupan rohani menyala dengan kekuatan sekaligus keamanan—hidup dalam ekspresi, tetapi dilindungi oleh kasih, kebenaran, dan sikap saling tunduk (Ef. 4:15–16, 25).[13]

REFLEKSI PENULIS

Ketika pindah ke Surabaya untuk belajar teknik komputer di Institut Teknologi Sepuluh Nopember, saya tidak menyadari betapa dalam kota itu akan membentuk kehidupan rohani saya. Gereja asal saya di Manado telah memberikan dasar injili yang kuat dalam keselamatan, pelayanan, dan Kitab Suci, dan saya tetap bersyukur untuk semuanya. Namun pada masa itu, hati saya sedang mencari kehidupan gereja yang dipenuhi Roh seperti yang telah saya baca dalam buku-buku David Yonggi Cho: gereja yang hidup dalam doa, kelompok sel, Roh Kudus, dan kesaksian yang berani.

Pada minggu pertama saya di Surabaya, saya mendengar tentang Gereja Bethany dan memutuskan untuk beribadah di sana. Suasananya sangat kuat bagi saya karena sebelumnya saya belum pernah mengalami ibadah gereja seperti itu. Pengalaman tersebut membuka mata saya kepada dimensi lain dari penyembahan, doa, dan pengharapan karismatik. Saat itu saya tinggal dekat saudari saya, Linda Hermanus, dan kami juga dekat dengan sepupu kami, Connie Watulingas. Connie bertanya apakah saya ingin bergabung dengan sebuah kelompok persekutuan, dan saya menjawab ya.

Pada tahun 1986, saya bergabung dengan kelompok doa dan persekutuan MDC, dan keputusan itu mengubah arah kehidupan saya. Melalui komunitas tersebut, saya terlibat dalam gerakan karismatik yang menjangkau banyak mahasiswa. Ribuan orang diselamatkan, banyak yang dibaptis dalam Roh Kudus, dan seiring waktu gerakan itu dikenal sebagai Masa Depan Cerah—yang di antara kami juga dipahami sebagai Making Disciples of Christ, serta membentuk orang percaya yang militan, disiplin, dan cakap.

Ketika melihat kembali, saya dapat melihat bagaimana Allah sedang mengatur tahap berikutnya dari nyala api dalam kehidupan saya. Di Manado, saya telah dilahirkan kembali dan belajar bersaksi. Melalui membaca dan berdoa, saya menjadi lapar akan lebih banyak dari Roh Kudus. Di Surabaya, kerinduan itu menemukan sebuah komunitas tempat ia dapat bertumbuh melalui doa, persekutuan, pemuridan, dan misi.

Di bawah pelayanan Pdt. Yeremia Rim, saya melihat bahwa hal ini lebih daripada persekutuan yang hidup. Ini merupakan upaya serius untuk mengikuti pola gereja mula-mula. Doa, pengajaran, persekutuan, penginjilan, dan pemuridan dijalin bersama-sama. Para mahasiswa bukan hanya didorong untuk berjumpa dengan Allah; mereka juga dilatih mengikuti Kristus, melayani orang lain, dan bertumbuh dalam tanggung jawab.

Di sana saya belajar bahwa komunitas bukan bagian pilihan dari kehidupan Kristen. Orang percaya dikuatkan ketika mereka bertekun dalam pengajaran para rasul, persekutuan, pemecahan roti, dan doa, sebagaimana digambarkan Kisah Para Rasul 2:42. Keyakinan tersebut tetap melekat dalam diri saya sejak saat itu: persekutuan, penyembahan, doa, dan pengajaran alkitabiah bukan kegiatan sekunder. Semuanya merupakan inti komunitas Kristen.

Kemudian, dalam pelayanan kelompok sel, istri saya dan saya berulang kali menyaksikan kebenaran yang sama. Ketika orang berakar dalam komunitas, mereka bertumbuh lebih kuat, mengenali pengajaran palsu dengan lebih jelas, dan saling mendukung dengan cara yang praktis. Kami melihat anggota didorong, disembuhkan, ditolong dalam keluarga mereka, dan dipelihara melalui masa-masa sulit oleh doa bersama serta kehidupan yang dibagikan. Komunitas adalah salah satu cara utama kehidupan rohani tetap mantap di dalam gereja.

CATATAN BAB 6

1. Pernyataan utama Bab 6: pembaruan menjadi lebih kuat, lebih aman, dan lebih terlihat ketika diwujudkan dalam kehidupan bersama gereja.

2. Penekanan doktrinal bahwa tubuh Kristus mengoreksi sikap mandiri sekaligus kesombongan dalam konteks pembaruan.

3. Definisi pastoral mengenai persekutuan sebagai partisipasi bersama dalam kehidupan Kristus, bukan sekadar rasa memiliki secara sosial.

4. Ujian teologis bagi pembaruan komunal: kasih, bukan hanya penampilan karunia, menyatakan keaslian rohani.

5. Koreksi bahwa karunia merupakan kepercayaan komunal yang diberikan untuk membangun, bukan untuk pembedaan pribadi.

6. Prinsip keseimbangan bahwa kehidupan karismatik yang sehat membutuhkan kebebasan sekaligus keteraturan di bawah tuntunan Kitab Suci.

7. Peringatan pastoral bahwa kehidupan yang dipenuhi Roh harus mencakup kesatuan hubungan, bukan hanya intensitas rohani.

8. Prinsip bahwa komunitas Kristen tetap sehat ketika kerendahan hati dan sikap saling tunduk menggantikan dominasi.

9. Penekanan pastoral bahwa pembaruan komunal harus mencakup penggembalaan, pemulihan, dan perhatian terhadap mereka yang rentan.

10. Pengamatan pastoral bahwa komunitas pembaruan yang sehat menyediakan ruang bagi kejujuran, perhatian, dan pembedaan yang sabar.

11. Prinsip korektif bahwa pertanggungjawaban adalah anugerah yang menjaga pembaruan dari penyimpangan.

12. Penerapan pastoral bahwa pembedaan bersama melindungi orang percaya dari kesalahan pribadi dan memperkuat kesehatan gereja.

13. Sintesis penutup Bab 6, yang mendefinisikan komunitas sehat sebagai komunitas yang hidup secara rohani, dewasa dalam hubungan, dan aman melalui pertanggungjawaban.

BAB 7
DASAR-DASAR PEMURIDAN

"Mereka bertekun dalam pengajaran rasul-rasul dan dalam persekutuan. Dan mereka selalu berkumpul untuk memecahkan roti dan berdoa."
—Kisah Para Rasul 2:42, TB 1974

Kehidupan yang diberikan Kristus tidak dimaksudkan hanya untuk dialami; kehidupan itu juga harus dibentuk. Bab-bab sebelumnya telah menunjukkan pembaruan yang memperoleh bentuk dalam pengabdian sehari-hari dan kehidupan bersama gereja. Namun apabila kehidupan itu tidak diajarkan, dipraktikkan, dan dikuatkan dengan sabar, kehidupan tersebut dapat tetap rapuh (Ef. 4:14–15). Pemuridan memberikan kedalaman kepada pembaruan. Pemuridan membawa kerinduan yang diberikan Roh ke bawah ketuhanan Kristus melalui pengajaran, ketaatan, koreksi, dan pertumbuhan yang mantap dalam kebenaran (Mat. 28:19–20; Kol. 2:6–7).[1]

Yesus memberikan bentuk paling jelas bagi pemuridan melalui Amanat Agung. Ia memerintahkan para pengikut-Nya:

"Karena itu pergilah, jadikanlah semua bangsa murid-Ku dan baptislah mereka dalam nama Bapa dan Anak dan Roh Kudus, dan ajarlah mereka melakukan segala sesuatu yang telah Kuperintahkan kepadamu."
—Matius 28:19–20, TB 1974

Karena itu, pemuridan bersifat relasional dan instruksional pada saat yang sama. Murid bukan sekadar orang yang telah memberikan tanggapan awal. Mereka adalah pembelajar, pengikut, dan peserta dalam kehidupan serta pengajaran Kristus (Luk. 6:40; Yoh. 8:31).[2]

Pembedaan itu penting. Pertobatan memulai kehidupan Kristen, tetapi tidak menyelesaikan proses pertumbuhan (1 Ptr. 2:2). Seseorang dapat memberikan tanggapan yang tulus terhadap Injil dan tetap memerlukan bimbingan, waktu, koreksi, dan dorongan (Ibr. 5:12–14). Pemuridan menyediakan perhatian yang berkelanjutan tersebut.

Pemuridan mengajarkan orang percaya bagaimana berpikir, berdoa, hidup, taat, dan bertahan sebagai pengikut Yesus (Rm. 12:2; Flp. 4:9).[3]

Perjanjian Baru kembali kepada pola ini. Paulus berkata kepada Timotius:

"Apa yang telah engkau dengar dari padaku di depan banyak saksi, percayakanlah itu kepada orang-orang yang dapat dipercayai, yang juga cakap mengajar orang lain."
—2 Timotius 2:2, TB 1974

Dalam satu petunjuk tersebut, pemuridan menjadi lebih daripada pertumbuhan pribadi. Kebenaran diterima, dihidupi, dan diteruskan kepada orang lain (Mzm. 78:4–7; Tit. 2:1–8).[4]

Pertumbuhan semacam ini tidak terjadi secara kebetulan. Pertumbuhan itu membutuhkan pengajaran, koreksi, dorongan, dan kesabaran dari waktu ke waktu (2 Tim. 4:2; Kol. 1:28). Pertumbuhan juga menuntut kerendahan hati dari orang yang belajar (Yak. 1:21). Roh yang sama yang membangunkan hati juga membentuk kehidupan, sehingga semangat awal bertumbuh menjadi kedewasaan yang menyerupai Kristus dan tidak tetap dangkal atau tidak stabil (Gal. 4:19; Ef. 4:13).[5] [6]

Informasi saja tidak menghasilkan murid yang dewasa. Kebenaran harus dipraktikkan, diwujudkan, dan terlihat dalam hubungan nyata. Yakobus menulis:

"Tetapi hendaklah kamu menjadi pelaku firman dan bukan hanya pendengar saja; sebab jika tidak demikian kamu menipu diri sendiri."
—Yakobus 1:22, TB 1974

Orang percaya yang dewasa membantu membentuk orang lain dengan meneladankan kesetiaan, kerendahan hati, pertobatan, dan ketaatan (1 Kor. 11:1; Flp. 3:17). Murid belajar melalui pengajaran, tetapi mereka juga belajar dengan memperhatikan kehidupan orang-orang yang telah berjalan bersama Kristus lebih lama daripada mereka.[7] [8]

Kitab Suci berdiri di pusat pembentukan ini. Yesus berdoa, "Kuduskanlah mereka dalam kebenaran; firman-Mu adalah kebenaran" (Yoh. 17:17). Paulus juga mengajarkan:

"Segala tulisan yang diilhamkan Allah memang bermanfaat untuk mengajar, untuk menyatakan kesalahan, untuk memperbaiki kelakuan dan untuk mendidik orang dalam kebenaran. Dengan demikian tiap-tiap manusia kepunyaan Allah diperlengkapi untuk setiap perbuatan baik."

—2 Timotius 3:16–17, TB 1974

Firman Allah memperbarui pikiran, mengoreksi kesalahan, memberikan arah, dan membentuk seluruh kehidupan seorang murid (Mzm. 119:105; Rm. 12:2). Tanpa keterlibatan yang tekun dengan Kitab Suci, pemuridan kehilangan dasarnya.[9]

Hal ini menjadi sangat penting mengingat kekhawatiran sebelumnya mengenai ketidakseimbangan dalam berbagai gerakan pembaruan. Pengalaman rohani tanpa pembentukan dapat meninggalkan orang percaya dalam keadaan tulus, tetapi tidak stabil (Ef. 4:14). Pemuridan memberikan struktur kepada pertumbuhan. Pemuridan mendewasakan iman, mengoreksi ketidakdewasaan, dan menolong melindungi pembaruan dari sikap berlebihan (Ibr. 5:13–14).[10] [11]

Disiplin rohani memiliki tempat yang membangun dalam proses ini. Doa, pembacaan Kitab Suci, penyembahan, puasa, dan pelayanan menciptakan ruang untuk memperhatikan Allah (Mat. 6:6, 16–18; Kis. 13:2–3; Ibr. 13:15–16). Praktik-praktik ini tidak menggantikan kasih karunia. Semuanya menolong orang percaya menerima kasih karunia, menanggapi Roh, dan bertumbuh dalam kebiasaan yang mendukung ketaatan yang setia (1 Tim. 4:7–8).[12] [13]

Ketekunan juga termasuk dalam pemuridan. Kehidupan Kristen memiliki musim kejelasan dan musim kesulitan (Yak. 1:2–4). Orang percaya dipanggil untuk tetap setia bukan hanya ketika pengalaman rohani terasa kuat, tetapi juga ketika Allah seolah-olah diam atau jalan menjadi sulit (Ibr. 10:36). Yesus menjadikan tinggal di dalam Dia sebagai pusat keberbuahan:

"Tinggallah di dalam Aku dan Aku di dalam kamu ... Barangsiapa tinggal di dalam Aku dan Aku di dalam dia, ia berbuah banyak, sebab di luar Aku kamu tidak dapat berbuat apa-apa."

—Yohanes 15:4–5, TB 1974

Karena itu, pemuridan mengajarkan orang percaya untuk tetap tinggal di dalam Kristus dari waktu ke waktu, menerima kehidupan dari-Nya daripada bergantung hanya kepada intensitas rohani.[14]

Dengan demikian, pemuridan bukan tambahan pilihan bagi pembaruan. Pemuridan merupakan salah satu cara pembaruan menjadi stabil dan dapat dipercaya. Melalui pemuridan, pengalaman rohani disatukan dengan doktrin, karakter, ketaatan, dan ketekunan (Kol. 2:6–7). Di mana pemuridan hadir, semangat awal dapat diperdalam menjadi kedewasaan. Di mana pemuridan tidak hadir, bahkan permulaan yang sejati dapat memudar (Luk. 8:13–15). Nyala api menjadi stabil ketika diajarkan, diwujudkan, dipraktikkan, dan dipelihara dari waktu ke waktu (Tit. 2:11–14).[15] [16]

REFLEKSI PENULIS

Bagi saya, pemuridan tidak pernah hanya merupakan program gereja. Dalam budaya pelayanan yang membentuk saya, pemuridan berarti dibentuk dalam kebenaran, ketaatan, disiplin, pertanggungjawaban, dan kedewasaan. Pemuridan berarti belajar menjadi bukan hanya hidup secara rohani, tetapi juga berakar secara rohani.

Saya telah melihat dan mengalami momen-momen penuh kuasa ketika Allah dengan jelas sedang bekerja. Saya telah melihat orang jatuh ke lantai, menangis, berseru, dan memberikan tanggapan yang mendalam terhadap hadirat-Nya. Saya juga pernah merasakan sesuatu yang menyerupai arus listrik bergerak melalui tubuh saya sendiri pada masa-masa perjumpaan dengan Allah. Saya tidak menyangkal pengalaman-pengalaman itu, dan saya tidak pernah ingin mempersempit kehidupan Kristen menjadi informasi saja. Pada saat yang sama, momen-momen tersebut mengajarkan kepada saya bahwa kuasa rohani memerlukan pembentukan rohani.

Itulah sebabnya saya percaya bahwa setiap pengalaman harus dibawa ke bawah otoritas Kitab Suci. Bagi seorang pemimpin gereja, mempelajari Alkitab bukanlah pilihan. Saya pernah melihat gereja terkesan kepada orang-orang muda karena mereka karismatik, mampu berbicara dengan baik, atau tampak bergerak dalam kesembuhan maupun karunia rohani, sekalipun mereka belum berakar secara mendalam dalam Firman. Hal itu dapat berbahaya. Karunia mungkin membuka sebuah pintu, tetapi Kitab Suci, karakter, dan pemuridan harus membentuk orang yang berjalan melewati pintu tersebut.

Keyakinan ini menjadi salah satu alasan saya terus membaca, mempelajari Kitab Suci, dan mengejar pendidikan teologis lebih lanjut, bahkan sampai tingkat doktoral. Saya ingin belajar berkhotbah dengan lebih setia, menafsirkan Alkitab secara bertanggung jawab, memahami pengajaran Paulus, berpikir dengan lebih jelas mengenai Kristologi, dan menangani seluruh maksud Allah dengan saksama. Tujuan saya bukan sekadar pencapaian akademis. Saya ingin menyatukan Alkitab dan karunia-karunia Roh, sehingga pembaruan tetap hidup sekaligus berakar.

Keyakinan tersebut semakin kuat selama bertahun-tahun. Pembaruan tidak dapat bertahan di tempat pemuridan lemah. Pengalaman rohani harus disatukan dengan pengajaran alkitabiah, pendampingan, koreksi, dan pertumbuhan karakter. Saya telah melihat bahwa orang percaya yang sungguh-sungguh dimuridkan dapat menghadapi pencobaan dengan lebih baik, mengenali penyesatan dengan lebih jelas, dan menjadi mampu menolong orang lain bertumbuh.

Keyakinan ini juga membentuk cara saya memimpin dan mengambil bagian dalam pertemuan kelompok, khususnya dalam pelayanan kelompok sel. Saya sering kembali kepada pertanyaan Paulus: "Jadi, saudara-saudara, jika aku datang kepadamu dan berkata-kata dengan bahasa roh, apakah gunanya itu bagimu, jika aku tidak menyampaikan kepadamu penyataan Allah atau pengetahuan atau nubuat atau pengajaran?" (1 Kor. 14:6). Karena alasan itu, saya tidak ingin pertemuan kami hanya menjadi waktu untuk bersekutu, makan bersama, menikmati kebersamaan, atau bahkan menggunakan karunia rohani tanpa pengertian. Ketika kami berkumpul, saya berusaha memastikan bahwa terdapat juga saat pengajaran—baik melalui pembahasan khotbah hari Minggu sebelumnya, perenungan Kitab Suci, maupun penelusuran suatu topik khusus secara bersama-sama. Dengan cara ini, kelompok sel menjadi bagian dari tujuan Kristus bagi gereja: "Dan Ialah yang memberikan baik rasul-rasul maupun nabi-nabi, baik pemberita-pemberita Injil maupun gembala-gembala dan pengajar-pengajar, untuk memperlengkapi orang-orang kudus bagi pekerjaan pelayanan, bagi pembangunan tubuh Kristus" (Ef. 4:11–12). Beban saya adalah agar setiap orang percaya dikuatkan, didewasakan, dan diperlengkapi untuk setiap pekerjaan yang baik.

Bagi saya, pemuridan adalah salah satu cara utama nyala api dipelihara. Kehidupan yang dipenuhi Roh juga harus menjadi kehidupan yang diajar, dibentuk, dan taat.

CATATAN BAB 7

1. Tesis Bab 7: pembaruan harus dibentuk melalui pemuridan apabila hendak menjadi dewasa dan stabil.

2. Kerangka alkitabiah mengenai pemuridan sebagai tindakan mengikuti Kristus secara relasional sekaligus menaati pengajaran-Nya.

3. Penjelasan pastoral bahwa pertobatan memulai kehidupan Kristen, sedangkan pemuridan membentuknya dari waktu ke waktu.

4. Prinsip pemuridan antargenerasi bahwa kebenaran harus diterima, diwujudkan, dan dipercayakan kepada orang lain.

5. Dietrich Bonhoeffer, The Cost of Discipleship, diterjemahkan oleh R. H. Fuller, dengan revisi oleh Irmgard Booth, edisi revisi lengkap (New York: Macmillan, 1959).

6. Penerapan pastoral bahwa pemuridan membutuhkan pembentukan yang disengaja, kerendahan hati, dan pertumbuhan yang sabar dari waktu ke waktu.

7. Richard J. Foster, Celebration of Discipline: The Path to Spiritual Growth (San Francisco: Harper & Row, 1978).

8. Penekanan bahwa orang percaya yang dewasa membentuk orang lain bukan hanya melalui pengajaran, tetapi juga melalui teladan yang terlihat.

9. Pokok doktrinal bahwa Kitab Suci merupakan dasar dan otoritas yang mengatur pemuridan.

10. Peringatan pastoral bahwa pengalaman rohani tanpa pembentukan dapat meninggalkan orang percaya dalam keadaan tulus, tetapi tidak stabil.

11. Koreksi bahwa pemuridan mendewasakan iman dan melindungi pembaruan dari sikap berlebihan serta ketidakdewasaan.

12. Dallas Willard, The Spirit of the Disciplines: Understanding How God Changes Lives (San Francisco: Harper & Row, 1988).

13. Penjelasan bahwa disiplin rohani tidak menggantikan kasih karunia, tetapi menciptakan ruang bagi tanggapan yang dibentuk oleh Roh.

14. Penekanan pastoral bahwa ketekunan dan tinggal di dalam Kristus merupakan dimensi penting dalam pemuridan yang dewasa.

15. Prinsip penutup bahwa pemuridan melindungi pembaruan dengan menyatukan pengalaman, doktrin, karakter, dan ketaatan.

16. Sintesis akhir Bab 7: nyala api menjadi stabil ketika diajarkan, diwujudkan, dipraktikkan, dan dipelihara dari waktu ke waktu.

BAB 8
NYALA API DAN KESAKSIAN

"Karena itu sadarlah dan bertobatlah, supaya dosamu dihapuskan, agar Tuhan mendatangkan waktu kelegaan, dan mengutus Yesus, yang dari semula diuntukkan bagimu sebagai Kristus."

—Kisah Para Rasul 3:19–20, TB 1974

Kehidupan yang dibentuk Kristus di dalam umat-Nya tidak dapat tetap tersembunyi. Kehidupan itu bergerak keluar melalui kesaksian (Mat. 5:14–16). Bab sebelumnya menunjukkan bagaimana pemuridan memberikan kestabilan dan kedewasaan kepada pembaruan. Bab ini beralih kepada misi, sebab iman yang dewasa tidak menutup diri. Roh yang sama yang memperbarui gereja juga mengutus gereja ke dalam dunia (Yoh. 20:21–22; Kis. 1:8).[1]

Yesus menjelaskan hubungan ini dengan sangat jelas:

"Tetapi kamu akan menerima kuasa, kalau Roh Kudus turun ke atas kamu, dan kamu akan menjadi saksi-Ku ... sampai ke ujung bumi."

—Kisah Para Rasul 1:8, TB 1974

Kuasa Roh Kudus tidak diberikan hanya untuk pengalaman pribadi, tetapi untuk kesaksian. Roh tidak menarik perhatian kepada diri-Nya terpisah dari Kristus; Ia menunjuk manusia kepada Sang Anak (Yoh. 15:26; Yoh. 16:13–14). Karena itu, kesaksian bukan kegiatan terpisah yang ditambahkan kepada kehidupan rohani. Kesaksian merupakan salah satu ungkapan alaminya. Di mana pembaruan sehat, pembaruan itu mengarahkan orang percaya kepada sesama, bukan ke dalam kesibukan rohani yang hanya berpusat pada diri sendiri.[2]

Perjanjian Baru menyajikan kesaksian sebagai sesuatu yang diucapkan sekaligus diwujudkan. Para rasul memberitakan Injil di depan umum, memanggil orang kepada pertobatan dan iman kepada Yesus Kristus (Kis. 2:38; Kis. 17:30–31). Kehidupan mereka juga memberikan bobot kepada berita yang disampaikan (1 Tes. 1:5; 1 Ptr. 2:12). Belas kasih, integritas, keberanian, dan kasih yang rela berkorban membuat perkataan mereka dapat dipercaya (2 Kor. 4:2; Flp. 2:15–16). Mereka bukan hanya memberitakan Kristus; mereka hidup dengan cara yang membuat pemberitaan itu dapat dipercayai.[3]

Gereja dipanggil untuk menyatukan kebenaran dan belas kasih dalam kehidupan publiknya. Kitab Suci menghubungkan pemberitaan dengan belas kasih, kebenaran dengan kasih, serta kesaksian Injil dengan perbuatan baik yang terlihat (Mi. 6:8; Mat. 5:16; Ef. 4:15). Lausanne Covenant mengungkapkan visi terpadu mengenai perkataan dan perbuatan ini dengan jelas.[4] [5]

Arah keluar ini sangat penting. Pembaruan yang tidak pernah menjadi kesaksian dapat dengan mudah menjadi berpusat ke dalam dan tidak lengkap.[6] Yesus menggambarkan umat-Nya sebagai terang yang terlihat:

"Kamu adalah terang dunia. Kota yang terletak di atas gunung tidak mungkin tersembunyi ... Demikianlah hendaknya terangmu bercahaya di depan orang, supaya mereka melihat perbuatanmu yang baik dan memuliakan Bapamu yang di sorga."
—Matius 5:14–16, TB 1974

Kehidupan Kristus tidak hanya untuk diterima dan dipelihara; kehidupan itu harus dibuat terlihat di hadapan orang lain (Flp. 2:15).[7]

Visi alkitabiah tentang kesaksian yang diberdayakan Roh ini juga telah membentuk banyak pendekatan karismatik modern terhadap penginjilan dan pertumbuhan gereja.

Tulisan-tulisan pastoral David Yonggi Cho menunjukkan bagaimana kesaksian yang diberdayakan Roh dipahami dalam konteks karismatik global. Penekanannya pada kemitraan dengan Roh Kudus, doa, dan visi menghubungkan pembaruan secara langsung dengan penginjilan dan pertumbuhan gereja, sehingga karyanya relevan bagi pembahasan misi yang melampaui devosi pribadi.[8] Seperti sumber-sumber gerakan lainnya, penekanan tersebut perlu dihargai dalam terang pola misioner Kitab Kisah Para Rasul dan Injil-Injil (Kis. 1:8; Mat. 9:37–38).[9]

Kesaksian juga harus tetap bersifat relasional. Dalam Perjanjian Baru, Injil sering menyebar melalui hubungan-hubungan biasa—percakapan, makan bersama, keramahtamahan, dan interaksi sehari-hari (Luk. 19:5–10; Kis. 16:14–15, 32–34). Orang percaya tidak hanya dipanggil kepada pemberitaan formal, tetapi juga kepada kehadiran yang setia (Kol. 4:5–6). Petrus menyatakan sikap ini dengan jelas:

"Tetapi kuduskanlah Kristus di dalam hatimu sebagai Tuhan! Dan siap sedialah pada segala waktu untuk memberi pertanggungan jawab kepada tiap-tiap orang yang meminta pertanggungan jawab dari kamu tentang pengharapan yang ada padamu, tetapi haruslah dengan lemah lembut dan hormat."

—1 Petrus 3:15, TB 1974

Di rumah, tempat kerja, lingkungan sekitar, dan persahabatan, kepercayaan serta konsistensi sering membuka pintu bagi percakapan tentang Injil.[10] [11]

Perjanjian Baru juga menolak kesaksian yang takut-takut. Para rasul berdoa agar diberikan keberanian untuk memberitakan Firman Allah, sekalipun mereka menghadapi perlawanan yang nyata:

"Dan sekarang, ya Tuhan, lihatlah bagaimana mereka mengancam kami dan berikanlah kepada hamba-hamba-Mu keberanian untuk memberitakan firman-Mu ... Dan ketika mereka sedang berdoa, goyanglah tempat mereka berkumpul itu dan mereka semua penuh dengan Roh Kudus, lalu mereka memberitakan firman Allah dengan berani."

—Kisah Para Rasul 4:29–31, TB 1974

Kesaksian Kristen harus membawa kelemahlembutan sekaligus keyakinan yang teguh. Orang percaya dipanggil berbicara dengan jelas, tetapi dengan kerendahan hati, hikmat, dan hormat (1 Ptr. 3:15; Kol. 4:6).[12]

Belas kasih memberikan bentuk yang menyerupai Kristus kepada kesaksian. Yesus melihat orang banyak dan tergerak oleh belas kasihan karena mereka lelah dan terlantar:

"Melihat orang banyak itu, tergeraklah hati Yesus oleh belas kasihan kepada mereka, karena mereka lelah dan terlantar seperti domba yang tidak bergembala ... Maka kata-Nya kepada murid-murid-Nya: Tuaian memang banyak, tetapi pekerja sedikit. Karena itu mintalah kepada tuan yang empunya tuaian, supaya Ia mengirimkan pekerja-pekerja untuk tuaian itu."

—Matius 9:36–38, TB 1974

Yesus menyembuhkan orang sakit, memberi makan orang lapar, dan menyambut mereka yang sering disingkirkan (Mat. 14:14–21; Luk. 14:12–14). Tindakan-Nya menyatakan hati Allah sekaligus kuasa Allah. Kesaksian gereja harus melakukan hal yang sama, menyatukan pemberitaan dengan belas kasih yang dapat dilihat dan dirasakan (1 Yoh. 3:17–18; Yak. 2:14–17).[13 14]

Penekanan ini juga menjawab salah satu kekhawatiran sebelumnya. Pembaruan dapat kehilangan keseimbangan ketika berbalik ke dalam dan terlalu sibuk dengan pengalamannya sendiri. Misi mengarahkan kembali gereja kepada tujuan Kristus: sama seperti Bapa mengutus Anak, demikian pula Anak mengutus umat-Nya (Yoh. 20:21; Kis. 13:2–3).[15 16]

Kehidupan bersama gereja memberikan kredibilitas yang terlihat kepada kesaksian ini. Yesus berkata:

> *"Aku memberikan perintah baru kepada kamu, yaitu supaya kamu saling mengasihi; sama seperti Aku telah mengasihi kamu ... Dengan demikian semua orang akan tahu, bahwa kamu adalah murid-murid-Ku, yaitu jikalau kamu saling mengasihi."*
>
> *—Yohanes 13:34–35, TB 1974*

Ketika orang percaya hidup dalam kesatuan, kerendahan hati, kemurahan hati, dan kepedulian, komunitas itu sendiri menjadi tanda Injil (Kis. 2:44–47; Ef. 4:1–3; Flp. 2:15–16).[17]

Dalam pengertian ini, kesaksian bukanlah penampilan yang dipaksakan. Kesaksian mengalir dari kehidupan yang tinggal di dalam Kristus (Yoh. 15:4–5, 8). Di mana kehidupan Kristus menyala dengan jelas di dalam gereja, kehidupan itu juga akan bersinar melampaui gereja (Mat. 5:14–16).[18]

Akhirnya, kritik terhadap gerakan-gerakan masa lalu mengingatkan kita bahwa kesaksian tidak boleh digerakkan oleh sensasi, tekanan, atau kepribadian manusia. Kesaksian harus dibawa oleh kuasa Roh dan berakar dalam kebenaran Injil (1 Kor. 2:1–5; 1 Tes. 1:5).[19]

REFLEKSI PENULIS

Karya Roh Kudus tidak pernah dimaksudkan untuk tetap menjadi pengalaman pribadi. Ia memperbarui orang percaya, tetapi juga mengutus mereka keluar dalam kesaksian, belas kasih, doa, dan pelayanan. Itulah sebabnya bab ini bersifat pribadi bagi saya. Pembaruan menjadi tidak lengkap ketika hanya menjadi pengalaman batin. Pembaruan harus terlihat dalam kesaksian dan kasih.

Seperti yang saya ceritakan dalam Bab 1, kehidupan kesaksian saya dimulai sejak awal, ketika Allah memakai sebuah traktat Injil yang sederhana, sekelompok remaja, dan kampanye "Sudah Kutemukan"—"I Found It"—di Manado. Permulaan itu mengajarkan kepada saya bahwa kesaksian dapat dimulai di tempat-tempat yang sangat biasa, jauh sebelum seseorang merasa sepenuhnya siap.

Selama bertahun-tahun, kesaksian mengambil banyak bentuk dalam kehidupan dan pelayanan saya: membagikan Kristus, mendoakan orang lain, menguatkan orang percaya, melayani dalam kelompok sel, dan membantu orang lain mengambil langkah-langkah iman yang praktis. Saya belajar bahwa kesaksian tidak terbatas pada pemberitaan di depan umum. Kesaksian juga berlangsung di rumah, dalam persahabatan, di tempat kerja, dan dalam momen-momen biasa ketika orang membutuhkan kebenaran, pengharapan, serta kasih Kristus.

Nyala api menjadi terlihat ketika Yesus diperkenalkan melalui perkataan sekaligus kehidupan. Itulah sebabnya kesaksian harus tetap berada di pusat pembaruan.

CATATAN BAB 8

1. Tesis Bab 8: pembaruan yang autentik bergerak keluar menuju kesaksian dan misi yang berpusat pada Kristus.

2. Pernyataan teologis bahwa kehidupan yang diberdayakan Roh pada hakikatnya bersifat misioner karena Roh memuliakan Kristus melalui kesaksian.

3. Definisi praktis mengenai kesaksian sebagai pemberitaan yang disatukan dengan kehidupan yang dapat dipercaya dan menyerupai Kristus.

4. Lausanne Committee for World Evangelization, The Lausanne Covenant (Lausanne, Swiss, 1974).

5. Sintesis misioner bahwa kesaksian Kristen harus menyatukan pemberitaan Injil dengan kehidupan publik yang penuh belas kasih.

6. Wayne A. Grudem, Systematic Theology: An Introduction to Biblical Doctrine (Grand Rapids, MI: Zondervan, 1994).

7. Pokok teologis bahwa kehidupan Kristus harus terlihat secara terbuka melalui kesaksian yang setia.

8. David Yonggi Cho, The Holy Spirit, My Senior Partner (Altamonte Springs, FL: Creation House, 1989).

9. Catatan metodologis bahwa sumber-sumber misi karismatik perlu dihargai, sambil tetap diuji berdasarkan Kitab Suci.

10. Penekanan pastoral bahwa kesaksian sering berkembang melalui hubungan-hubungan biasa dan kehadiran yang setia.

11. Penerapan praktis bahwa kepercayaan dan konsistensi sering membuka jalan bagi percakapan mengenai Injil.

12. Keseimbangan antara keberanian dan kerendahan hati dalam kesaksian Kristen.

13. Pernyataan teologis bahwa belas kasih Yesus menyatakan hati Allah dalam kesaksian.

14. Penegasan pastoral bahwa kesaksian Kristen harus menyatukan pemberitaan dengan belas kasih yang diwujudkan.

15. Koreksi bahwa misi yang mengarah keluar melindungi pembaruan dari sikap rohani yang berpusat pada diri sendiri.

16. Hubungan antara kehidupan yang dipenuhi Roh dan partisipasi gereja dalam misi Kristus.

17. Penekanan gerejawi bahwa kasih yang dihidupi bersama oleh gereja memberikan kredibilitas yang terlihat kepada kesaksiannya.

18. Prinsip penutup bahwa kesaksian mengalir secara alami dari kehidupan bersama Kristus.

19. Perlindungan terakhir bahwa kesaksian harus dipimpin Roh dan berakar dalam Injil, bukan digerakkan oleh sensasi atau tekanan.

BAB 9
NYALA API DARI GENERASI KE GENERASI

"Sebab itu, hai anakku, jadilah kuat oleh kasih karunia dalam Kristus Yesus. Apa yang telah engkau dengar dari padaku di depan banyak saksi, percayakanlah itu kepada orang-orang yang dapat dipercayai, yang juga cakap mengajar orang lain."
—2 Timotius 2:1–2, TB 1974

Kehidupan Kristus bukan hanya harus bergerak keluar melalui kesaksian; kehidupan itu juga harus diteruskan. Bahkan masa pembaruan yang penuh kuasa dapat memudar apabila tidak dipercayakan kepada mereka yang datang sesudah kita (Mzm. 78:4–7). Bab sebelumnya mengarahkan perhatian kita kepada misi. Bab ini memperluas perhatian yang sama melintasi waktu. Hal yang diteruskan bukanlah gaya pertemuan tertentu, kosakata yang sudah dikenal, atau kenangan tentang apa yang pernah Allah kerjakan. Yang diteruskan adalah iman yang hidup kepada Yesus, kasih kepada Kitab Suci, keterbukaan kepada Roh Kudus, serta kehidupan yang dibentuk oleh kekudusan dan misi (2 Tim. 2:2; Ul. 6:6–7).[1]

Kitab Suci berbicara secara langsung mengenai tanggung jawab ini. Perbuatan-perbuatan Allah dimaksudkan untuk diingat, diberitakan, dan diajarkan:

"Angkatan demi angkatan akan memegahkan pekerjaan-pekerjaan-Mu dan akan memberitakan keperkasaan-Mu."
—Mazmur 145:4, TB 1974

Namun hal ini tidak terjadi secara otomatis. Iman diteruskan melalui kebenaran yang diajarkan dengan sabar, kehidupan yang diteladankan dengan integritas, dan hubungan-hubungan tempat orang percaya yang lebih muda dapat melihat seperti apa kepercayaan kepada Allah dijalani dari waktu ke waktu (Ul. 4:9; Mzm. 78:5–7).[2]

Perjanjian Baru melanjutkan pola yang sama. Paulus menyuruh Timotius menjaga ajaran yang sehat, kemudian mempercayakannya kepada orang-orang setia yang juga mampu mengajar orang lain:

"Sebab itu, hai anakku, jadilah kuat oleh kasih karunia dalam Kristus Yesus. Apa yang telah engkau dengar dari padaku di depan banyak saksi, percayakanlah itu kepada orang-orang yang dapat dipercayai, yang juga cakap mengajar orang lain."
—2 Timotius 2:1–2, TB 1974

Dalam petunjuk tersebut, pemuridan menjadi lebih daripada pertumbuhan satu orang. Kebenaran diterima, dihidupi, dijaga, dan diteruskan agar gereja tetap setia melampaui satu masa kehidupan (Tit. 2:1–8).[3]

Tugas ini menjadi sangat penting pada masa perubahan budaya yang cepat. Setiap generasi menghadapi pertanyaan, tekanan, dan asumsi yang berbeda. Bahasa berubah. Tantangan berganti. Budaya di sekeliling sering menarik manusia ke arah yang tidak selaras dengan Kitab Suci (Rm. 12:2; Kol. 2:8). Dalam keadaan seperti itu, gereja harus belajar menyampaikan kebenaran yang tidak berubah dengan cara yang tetap setia sekaligus dapat dipahami (1 Kor. 9:19–23; Yud. 3).[4]

Rumah memiliki tempat yang utama dalam pekerjaan ini. Kitab Suci memanggil orang tua untuk membicarakan kebenaran Allah dalam irama kehidupan sehari-hari, meneladankan iman, dan membesarkan anak-anak dalam didikan serta nasihat Tuhan (Ul. 6:6–7; Ef. 6:4). Iman sering kali pertama-tama dipelajari bukan di ruang kelas, melainkan di sekitar meja makan, dalam percakapan, melalui doa, dan dengan memperhatikan bagaimana orang tua menanggapi Allah dalam kehidupan nyata.[5]

Namun tanggung jawab meneruskan nyala api tidak hanya berada pada keluarga.

Gereja yang lebih luas juga sangat penting. Tidak setiap orang percaya bertumbuh dalam keluarga tempat iman diteladankan secara konsisten. Gereja menjadi keluarga rohani tempat orang percaya yang lebih muda dapat mengamati kehidupan yang dewasa, mengajukan pertanyaan, menerima bimbingan, dan bertumbuh melalui hubungan yang dapat dipercaya (1 Tim. 3:15; Tit. 2:1–8). Persekutuan antargenerasi memungkinkan hikmat dibagikan dan iman dikuatkan dengan cara yang tidak dapat sepenuhnya digantikan oleh program apa pun.[6] [7]

Di dalam keluarga maupun gereja, penerusan ini sering menjadi pribadi melalui hubungan pendampingan.

Pendampingan memberikan bentuk pribadi kepada proses tersebut. Sepanjang Kitab Suci, orang percaya yang lebih tua dan lebih muda sering dibentuk melalui kehidupan bersama: Musa dan Yosua, Elia dan Elisa, Paulus dan Timotius (Bil. 27:18–23; 2 Raj. 2:9–14; 2 Tim. 3:10–11). Iman diajarkan melalui pengajaran formal, tetapi juga dipelajari dengan melihat dari dekat doa, keberanian, pertobatan, ketekunan, dan ketaatan.[8]

Pekerjaan antargenerasi ini melindungi gereja dari pola pikir jangka pendek. Kritik-kritik sebelumnya memperingatkan bahaya mengejar hasil langsung tanpa pembentukan yang mendalam. Pembaruan yang bertahan membutuhkan kesabaran, akar yang kuat, dan kesetiaan dari waktu ke waktu (Gal. 6:9; 2 Tim. 2:2).[9] [10]

Orang percaya yang lebih muda juga membawa karunia-karunia yang dibutuhkan gereja. Pembaruan tidak dijaga dengan memaksa generasi berikutnya meniru setiap bentuk ekspresi masa lalu. Pembaruan dijaga ketika kebenaran yang sama dihidupi dengan setia pada masa kini (Yes. 43:18–19, dibaca dengan saksama bersama Yud. 3). Orang percaya yang lebih muda sering membawa pertanyaan, kreativitas, keberanian, dan energi yang dapat menguatkan tubuh ketika semuanya dibimbing oleh Kitab Suci dan dibentuk dalam komunitas (1 Tim. 4:12; 1 Kor. 12:4–7).[11] [12]

Hal ini memanggil gereja menjauhi dua bahaya: nostalgia dan kebaruan. Nostalgia membekukan nyala api dalam ekspresi masa lalu. Kebaruan memutuskan nyala api dari akarnya (Ef. 4:14). Gereja yang sehat belajar dari sejarahnya tanpa terperangkap di dalamnya. Gereja tetap berakar dalam Kitab Suci sambil memperhatikan dengan saksama keadaan masa kini (2 Tim. 1:13–14; 1 Taw. 12:32).[13]

Orang percaya yang lebih tua melayani generasi berikutnya dengan paling baik ketika meneruskan api yang telah dimurnikan—kerinduan rohani yang dipadukan dengan pembedaan alkitabiah, keberanian yang disatukan dengan kerendahan hati, dan semangat yang disertai karakter. Dengan demikian, orang percaya yang lebih muda ditolong bukan hanya untuk menerima apa yang baik, tetapi juga untuk tidak mengulangi berbagai ekstrem dan kelalaian yang sama (Mzm. 78:6–8; 1 Tes. 5:21).[14]

Karena itu, pembaruan dipelihara melalui sesuatu yang lebih daripada ingatan. Setiap generasi harus menerima bukan hanya bahasa iman, tetapi kehidupan iman (2 Tim. 1:5; Ibr. 13:7). Ketika hal itu terjadi, gereja tidak hanya mengenang api masa lalu. Gereja terus hidup di hadapan Kristus dengan kepercayaan, ketaatan, dan pengharapan dari masa ke masa. Nyala api bertahan ketika setiap generasi menerimanya secara pribadi, memeliharanya dengan setia, dan meneruskannya dengan kerendahan hati serta pengharapan.[15] [16]

REFLEKSI PENULIS

Bab ini diteguhkan bagi saya melalui apa yang saya lihat di City Blessing Church di Walnut, California. Saya telah menyaksikan beberapa gereja kehilangan kekuatan karena tidak dengan sengaja memuridkan, mendukung, dan memberi ruang pelayanan kepada orang percaya yang lebih muda. Saya juga telah melihat hal yang sebaliknya. Ketika orang muda diajar dengan baik, dipercaya dengan bijaksana, dan diberikan ruang untuk bertumbuh, seluruh gereja menjadi lebih kuat.

Di bawah kepemimpinan Dr. Paul Tan, gereja kami melakukan investasi yang nyata bagi generasi berikutnya melalui pengajaran, pendampingan, penyediaan ruang khusus, dorongan, dan kesempatan pelayanan. Investasi itu menghasilkan buah yang terlihat. Pdt. Dion Kurniadi ditahbiskan ketika masih muda dan sekarang melayani sebagai direktur eksekutif tim pastoral. Pdt. James Sudarsono juga ditahbiskan ketika masih muda. Teladan mereka mengingatkan saya bahwa para pemimpin muda bukan hanya masa depan gereja; mereka sudah menjadi bagian dari kekuatan gereja pada masa kini.

Hal ini juga bersifat pribadi bagi keluarga saya. Putra saya, Gerrit Hermanus, telah melayani sebagai direktur pelayanan kaum muda selama lebih dari sepuluh tahun dan sekarang berusia tiga puluh dua tahun. Anak-anak saya, Kezia, Gerrit, dan Samuel, semuanya telah melayani sebagai pemimpin sejak masa kuliah hingga memasuki usia dewasa muda. Pasangan mereka—Adriel, Abigail, dan Thezia—juga melayani di antara kaum muda, dewasa muda, dan keluarga-keluarga muda.

Rima dan saya bersyukur kepada Allah setiap kali melihat generasi yang lebih muda mengasihi Yesus, melayani dengan setia, dan memikul tanggung jawab rohani dengan kesungguhan. Mereka menguatkan kami. Mereka mengingatkan kami bahwa Allah masih bekerja. Mereka juga mengingatkan kami bahwa gereja harus terus menyediakan ruang bagi orang percaya yang lebih muda untuk bertumbuh, memimpin, dan melayani. Apabila gereja mengasihi, memuridkan, dan mempercayai mereka, nyala api akan terus berlanjut dari satu generasi kepada generasi berikutnya.

CATATAN BAB 9

1. Tesis Bab 9: pembaruan sejati harus diteruskan sebagai iman yang hidup, bukan sekadar diwarisi sebagai bentuk keagamaan.

2. Prinsip antargenerasi bahwa iman harus diajarkan dan diteladankan dengan sengaja, bukan dianggap akan berlanjut dengan sendirinya.

3. Penekanan doktrinal bahwa pemuridan pada hakikatnya bersifat melipatgandakan dan antargenerasi.

4. Pengamatan pastoral bahwa kesetiaan antargenerasi membutuhkan kestabilan doktrinal sekaligus komunikasi yang bijaksana.

5. Prinsip pemuridan keluarga bahwa rumah merupakan tempat utama bagi pembentukan rohani awal.

6. Prinsip gerejawi bahwa gereja yang lebih luas menjadi keluarga rohani bagi pembentukan ketika pembentukan di rumah tidak ada atau belum lengkap.

7. Penekanan antargenerasi bahwa hikmat dan iman dikuatkan melalui kehidupan bersama di dalam tubuh Kristus.

8. Prinsip pendampingan bahwa iman diteruskan melalui pengajaran, teladan, dan kehidupan bersama lintas generasi.

9. Peringatan bahwa hasil rohani jangka pendek tidak dapat menggantikan pembentukan antargenerasi yang sabar.

10. Koreksi bahwa meneruskan nyala api memerlukan kedalaman, kesabaran, dan penerusan yang setia, bukan hanya hasil yang segera.

11. Pemahaman antargenerasi bahwa orang percaya yang lebih muda dapat menguatkan gereja melalui karunia, kreativitas, dan keberanian yang dibentuk Roh.

12. Prinsip keseimbangan bahwa karunia orang percaya yang lebih muda harus dibimbing oleh Kitab Suci dan dibentuk dalam komunitas.

13. Peringatan terhadap nostalgia maupun kebaruan dalam pembaruan antargenerasi.

14. Pengharapan pastoral bahwa orang percaya yang lebih tua dapat meneruskan nyala api yang dimurnikan, yang dibentuk oleh api rohani sekaligus pembedaan alkitabiah.

15. Pernyataan penutup bahwa pembaruan dipelihara melalui penerusan yang setia, bukan hanya melalui ingatan.

16. Sintesis akhir Bab 9: setiap generasi harus mewarisi dan mewujudkan kehidupan iman, bukan sekadar bahasanya.

BAB 10
MENJAGA NYALA API

"Saudara-saudaraku yang kekasih, janganlah percaya akan setiap roh, tetapi ujilah roh-roh itu, apakah mereka berasal dari Allah; sebab banyak nabi-nabi palsu yang telah muncul dan pergi ke seluruh dunia."
—1 Yohanes 4:1, TB 1974

Api yang layak dipelihara juga harus dijaga dengan saksama. Bab-bab sebelumnya telah menelusuri nyala api dari pembaruan menuju pembentukan, dari pembentukan menuju misi, dan dari misi melintasi generasi. Namun bahkan pembaruan yang sejati dapat menjadi menyimpang apabila pembedaan rohani, kejelasan, dan pertanggungjawaban diabaikan (1 Tes. 5:21; 2 Tim. 1:14).[1]

Kebutuhan ini semakin mendesak pada zaman kita. Pengajaran kemakmuran dan beberapa bentuk teologi Word of Faith kini menyebar dengan cepat melalui media global, melintasi budaya dan membentuk pengharapan di banyak bagian gereja. Kajian dan laporan terbaru menggambarkan bukan hanya ketidakseimbangan doktrinal, melainkan juga luka pastoral yang dapat terjadi ketika kemakmuran materi, kesembuhan segera, atau keberhasilan yang terlihat diperlakukan sebagai tanda utama perkenanan Allah.[2] Karena itu, pembedaan rohani harus membahas perdebatan lama sekaligus kenyataan masa kini yang dihadapi orang percaya ketika menavigasi pengaruh-pengaruh tersebut dalam kehidupan sehari-hari (1 Tim. 6:5–10; Mat. 7:15–20).[3]

Perjanjian Baru berbicara dengan jelas mengenai tanggung jawab ini. Yohanes memerintahkan orang percaya:

"Saudara-saudaraku yang kekasih, janganlah percaya akan setiap roh, tetapi ujilah roh-roh itu, apakah mereka berasal dari Allah."
—1 Yohanes 4:1, TB 1974

Paulus memberikan tanggung jawab yang sama dengan cara yang sekaligus menjaga keterbukaan terhadap Roh:

"Janganlah padamkan Roh, dan janganlah anggap rendah nubuat-nubuat. Ujilah segala sesuatu dan peganglah yang baik. Jauhkanlah dirimu dari segala jenis kejahatan."

—1 Tesalonika 5:19–22, TB 1974

Perintah-perintah ini mengandaikan bahwa tidak setiap klaim, pengalaman, atau pengajaran rohani mencerminkan karya Roh Kudus. Namun perintah-perintah itu juga memperingatkan gereja agar tidak menolak apa yang sungguh-sungguh berasal dari Allah (Mat. 24:24; Kis. 17:11).[4]

Karena itu, berbagai kekhawatiran yang telah dibahas sebelumnya tetap penting pada bagian akhir buku ini. Klaim yang dibesar-besarkan, ketidakseimbangan doktrinal, dan ketiadaan pertanggungjawaban bukanlah persoalan sementara. Semuanya muncul berulang kali ketika kerinduan rohani dipisahkan dari kebenaran alkitabiah dan tanggung jawab pastoral.[5] Menjaga nyala api berarti memelihara apa yang telah dijernihkan, bukan hanya dalam argumen, melainkan juga dalam praktik (2 Tim. 4:3–5; Tit. 1:9).[6]

Doktrin penting karena pembaruan tidak menggantikan teologi; pembaruan membutuhkannya. Pengajaran yang sehat memberikan kerangka bagi pengalaman rohani agar dapat dipahami dengan benar (2 Tim. 3:16–17; Tit. 2:1). Ketika doktrin diabaikan, pengalaman dapat menyimpang dari kebenaran. Ketika doktrin menjadi kaku dan terpisah dari kehidupan, vitalitas melemah. Perjanjian Baru memanggil gereja untuk memegang keduanya bersama-sama: kebenaran dan Roh, kejelasan dan kehidupan (Yoh. 4:23–24; Ef. 4:15).[7] [8]

Pengalaman rohani juga memerlukan penafsiran yang saksama. Pengalaman dapat kuat, menyentuh, dan bermakna, tetapi tidak menjelaskan dirinya sendiri (1 Kor. 14:29). Pertanyaannya bukan hanya apakah sesuatu terasa nyata, melainkan apakah hal itu sesuai dengan karakter Allah yang dinyatakan dalam Kitab Suci (Yes. 8:20; 1 Yoh. 4:1–3).[9]

Pembedaan rohani bukan hanya tanggung jawab para pemimpin. Setiap orang percaya dipanggil untuk bertumbuh dalam pengertian

(Ibr. 5:14). Pertumbuhan itu membutuhkan keakraban dengan Kitab Suci, kepekaan dalam doa, dan kerendahan hati untuk belajar (Mzm. 119:11; Yak. 1:5; Ams. 11:2). Gereja yang memiliki pembedaan bukan sekadar gereja dengan kepemimpinan yang kuat. Gereja itu adalah tubuh yang bersama-sama semakin dibentuk oleh kebenaran (Ef. 4:11–16).[10]

Pembedaan bersama ini menjadi sangat penting ketika karunia-karunia rohani dipraktikkan. Teologi continuationist berada dalam kondisi paling sehat ketika karunia-karunia disambut, tetapi tetap ditempatkan di bawah Kitab Suci dan ditimbang dalam kehidupan tubuh Kristus (1 Kor. 12:7; 1 Kor. 14:26, 29–33).[11] [12]

Pada saat yang sama, kritik injili yang lebih tegas mengingatkan gereja bahwa ketidakteraturan, kebingungan, atau ketiadaan pengujian tidak boleh dimaafkan hanya karena bahasa rohani sedang digunakan.[13] Kitab Suci sendiri menyatakan bahwa Allah tidak menghendaki kekacauan dan bahwa segala sesuatu harus berlangsung dengan sopan dan teratur (1 Kor. 14:33, 40).[14]

Karena itu, sumber-sumber yang berpengaruh dari berbagai arus pelayanan harus dibaca sebagai contoh praktik yang memerlukan penghargaan sekaligus pengujian.

Sumber-sumber primer dari arus doa, nubuat, dan peperangan rohani juga layak diperhatikan karena semuanya menunjukkan jenis praktik yang paling memerlukan pengujian yang saksama. Possessing the Gates of the Enemy dan Invading the Enemy's Strongholds karya Cindy Jacobs, Confronting the Powers dan Warfare Prayer karya C. Peter Wagner, serta The Eternal Church dan Prophets, Pitfalls, and Principles karya Bill Hamon mewakili suara-suara berpengaruh dalam gerakan mengenai syafaat, peperangan rohani, pelayanan nubuat, dan kehidupan gereja restorasionis. Karya-karya tersebut tidak boleh dibaca dengan sikap meremehkan maupun diterima tanpa kritik, melainkan sebagai teks primer yang harus ditimbang berdasarkan

Kitab Suci, kerendahan hati, dan komunitas yang dapat dipertanggungjawabkan (Kis. 17:11; 1 Tes. 5:21).[15 16]

Kerendahan hati berada di pusat pekerjaan ini. Roh yang dapat diajar memungkinkan orang percaya menerima koreksi dan mengenali keterbatasan mereka sendiri (Ams. 9:8–9; Yak. 1:21). Tanpa kerendahan hati, pembedaan dapat menjadi menghakimi atau defensif. Dengan kerendahan hati, pembedaan menjadi membangun, menyembuhkan, dan membawa kehidupan (Flp. 2:3–5; 1 Ptr. 5:5–6).[17]

Buah Roh memberikan ukuran penting bagi gereja. Kasih, sukacita, damai sejahtera, kesabaran, kemurahan, kebaikan, kesetiaan, kelemahlembutan, dan penguasaan diri menyatakan karya Allah dalam kehidupan seseorang (Gal. 5:22–23). Karunia dapat berbeda-beda dan pengalaman dapat beragam, tetapi karakter yang menyerupai Kristus tetap menjadi salah satu tanda kesehatan rohani yang paling jelas (Mat. 7:16–20; Yoh. 15:8).[18]

Panggilan untuk "menguji segala sesuatu dan memegang yang baik" tidak dimaksudkan untuk memadamkan api. Panggilan itu dimaksudkan untuk menjaga agar apa yang sungguh-sungguh berasal dari Allah tetap jernih, kuat, dan berbuah dalam kehidupan gereja. Menjaga nyala api bukanlah tindakan ketakutan, melainkan kesetiaan. Tindakan itu menolong pembaruan sejati bertahan tanpa kebingungan, menghasilkan buah tanpa sikap berlebihan, dan terus mengarahkan gereja kembali kepada Kristus. Di mana nyala api dijaga dalam kebenaran dan kerendahan hati, nyala itu dapat terus menyala dengan mantap melintasi generasi. Gereja menjaga nyala api dengan paling baik ketika matanya tertuju kepada Kristus, hatinya tetap rendah hati, dan praktiknya dapat dipertanggungjawabkan kepada Firman.[19]

Pembedaan yang menjaga nyala api juga mempersiapkan hati untuk menerima api Allah dengan benar. Chuck D. Pierce dan Alemu Beeftu menggambarkan mezbah sebagai tempat hubungan dan penyembahan yang sepenuh hati, tempat hadirat Allah menjumpai umat-Nya dan api-Nya dapat turun. Panggilan mereka untuk membangun kembali mezbah menolong memperjelas apa yang terjadi ketika api Allah menyentuh kehidupan: api itu tidak sekadar menciptakan emosi keagamaan; api itu memulihkan kekudusan, memperbarui vitalitas rohani, membawa kepada pertobatan, dan menghadapkan seluruh pribadi kepada Allah sebagai persembahan yang hidup (1 Raj. 18:38; Rm. 12:1–2).[20]

Dalam konfrontasi Elia di Gunung Karmel, api TUHAN "turun menyambar habis korban bakaran, kayu api, batu dan tanah itu, bahkan air yang dalam parit itu habis dijilatnya" (1 Raj. 18:38). Dibaca secara rohani, gambaran ini berbicara dengan kuat mengenai karya Allah dalam kehidupan seseorang. Api menghanguskan korban, memanggil orang percaya mempersembahkan seluruh kehidupan dalam pelayanan kepada Allah. Api menghanguskan kayu, menyentuh ketakutan, keraguan, kelemahan, dan bagian-bagian tersembunyi yang sering memberi bahan bagi ketidakstabilan rohani. Api menghanguskan batu, membentuk kembali asumsi yang mengeras, pengalaman masa lalu, pengetahuan, panggilan, dan identitas pelayanan di bawah ketuhanan Kristus. Api menghanguskan debu atau tanah, menunjukkan bahwa karya Allah tidak tetap bersifat pribadi, tetapi menjangkau tanah kehidupan yang biasa—keluarga, sahabat, hubungan, dan komunitas. Api bahkan menghanguskan air, meniadakan apa yang tampaknya mustahil disingkirkan dan membersihkan penghalang bagi karya serta kemuliaan Allah.[21]

Itulah sebabnya api harus dijaga sekaligus disambut. Apabila mezbah diabaikan, nyala api menjadi rentan terhadap penyimpangan, keletihan, atau sekadar kegiatan keagamaan. Namun ketika mezbah dibangun kembali melalui pertobatan, penyerahan diri, penyembahan, doa, dan ketaatan, api Allah memurnikan, bukan membingungkan; memberi kuasa, bukan membesarkan diri; serta mengubahkan, bukan hanya membangkitkan kegairahan. Nyala api yang dijaga menjadi nyala yang kudus—kehidupan yang dipersembahkan kepada Allah, diperbarui oleh Roh, dan dijadikan berguna bagi kemuliaan-Nya.[22]

Karena itu, kata terakhir mengenai pembedaan rohani bukan hanya kehati-hatian. Kata terakhirnya adalah pengudusan dan penyerahan diri. Gereja menjaga nyala api dengan paling baik ketika terus kembali ke mezbah, tempat Kristus tetap menjadi pusat, Kitab Suci tetap berotoritas, Roh tetap disambut, dan seluruh kehidupan dipersembahkan kepada Allah. Di sanalah api dapat turun kembali—bukan sebagai pertunjukan, melainkan sebagai transformasi kudus bagi kehidupan pribadi, keluarga, gereja, pelayanan, dan kesaksian.[23]

REFLEKSI PENULIS

Kebutuhan akan pembedaan rohani menjadi sangat jelas bagi saya dalam pelayanan kesembuhan. Bersama istri saya, Rima Hermanus, saya melayani dalam Healing Rooms di Miracle Hills, Walnut, California. Banyak orang yang datang untuk didoakan berasal dari luar gereja, dan sering kali kami tidak mengetahui latar belakang rohani mereka sebelumnya. Dalam keadaan tersebut, pembedaan bukanlah pilihan. Kami harus mendengarkan Roh Kudus dengan saksama, mencari arahan-Nya, dan bertanya apa yang Ia kehendaki untuk kami doakan pada saat itu.

Pengalaman tersebut mengajarkan kepada saya bahwa pembedaan lebih daripada mengenali kesalahan doktrinal. Pembedaan juga berarti belajar memberikan tanggapan yang tepat kepada manusia. Sebagian datang dengan luka yang dalam, sebagian dengan kebingungan, sebagian dengan kebutuhan jasmani, sebagian membawa beban keluarga, dan sebagian memiliki kerinduan rohani yang belum sepenuhnya mereka pahami. Dalam setiap keadaan, kami membutuhkan pertolongan Roh Kudus untuk berdoa dengan bijaksana, penuh kasih, dan benar. Tanpa pembedaan, pelayanan dapat menjadi mekanis, lancang, atau berpusat pada pengharapan kami sendiri, bukan pada apa yang sedang Kristus kerjakan dalam diri orang di hadapan kami.

Seiring waktu, kami melihat kesembuhan terjadi dengan cara yang berbeda-beda. Sebagian orang mengalami kesembuhan seketika. Sebagian ditolong selama beberapa hari. Yang lain menjalani proses yang jauh lebih panjang. Namun fokus terdalam pelayanan tidak pernah terletak pada kesembuhan itu sendiri. Fokusnya adalah membawa manusia kepada Yesus Kristus, menolong mereka diperdamaikan dengan-Nya, menyaksikan kehidupan mereka diubahkan oleh kasih karunia-Nya, dan—sejauh memungkinkan—menjadi bagian dari komunitas Kristen yang sehat, tempat mereka dapat terus bertumbuh dan kelak menjadi saksi bagi orang lain.

Karena itu, pembedaan melindungi gereja bukan hanya dari pengajaran palsu. Pembedaan juga melindungi pelayanan agar tidak menjadi berorientasi hasil, dangkal, atau terputus dari tujuan Injil. Kesembuhan adalah tanda belas kasih dan kuasa Kristus, tetapi Kristus sendiri tetap menjadi pusat. Tujuannya bukan hanya agar seseorang merasa lebih baik untuk sesaat. Tujuannya adalah agar kehidupan berbalik kepada Yesus, dipulihkan dalam kebenaran, dan ditarik ke dalam kehidupan umat-Nya yang terus berlangsung.

Dalam pengertian ini, pembedaan merupakan salah satu cara paling jelas gereja menjaga nyala api. Pembedaan menjaga pelayanan tetap rendah hati, penuh doa, dibentuk Kitab Suci, dan berpusat pada Kristus. Pembedaan menolong orang percaya menyambut karya Roh Kudus tanpa menjadi ceroboh, serta mengejar kesembuhan, kuasa, dan pembaruan tanpa kehilangan tujuan yang lebih besar: supaya Yesus Kristus dikenal, dipercaya, ditaati, dan dimuliakan.

CATATAN BAB 10

1. Tesis Bab 10: pembaruan yang bertahan memerlukan pembedaan rohani yang terus-menerus dan pengelolaan yang dijaga.

2. J. Kwabena Asamoah-Gyadu, "The Prosperity Gospel and Its Challenge to Mission in Our Time," Lausanne Global Analysis, Juli 2014; Kevin Muriithi, "Prosperity Doctrine Isn't Just Wrong—It's Harmful," TGC Africa, 19 Agustus 2023; Russell Alexander Morris, "A Biblical and Theological Analysis of Specific Tenets of Word of Faith Theology: Pastoral Implications for the Church of God," disertasi PhD, South African Theological Seminary, 2012.

3. Penerapan kontemporer bahwa pembedaan rohani harus membahas kesalahan doktrinal sekaligus akibat pastoralnya yang nyata.

4. Premis alkitabiah utama bahwa pembedaan rohani merupakan tanggung jawab Kristen yang normal, bukan praktik pilihan atau bentuk kecurigaan.

5. D. R. McConnell, A Different Gospel: Biblical and Historical Insights into the Word of Faith Movement, edisi diperbarui (Peabody, MA: Hendrickson Publishers, 1995); Morris, "A Biblical and Theological Analysis."

6. Kesimpulan pastoral bahwa pembedaan harus terus dilakukan karena ketidakseimbangan doktrinal dan praktis berulang dari waktu ke waktu.

7. Sinclair B. Ferguson, The Holy Spirit, Contours of Christian Theology (Downers Grove, IL: InterVarsity Press, 1996).

8. Penjelasan bahwa pembaruan memerlukan teologi yang sehat agar pengalaman tetap diperintah oleh kebenaran.

9. Prinsip pembedaan bahwa pengalaman rohani harus dinilai berdasarkan karakter Allah yang dinyatakan dalam Kitab Suci.

10. Prinsip gerejawi bahwa pembedaan merupakan tanggung jawab seluruh tubuh ketika orang percaya bertumbuh dalam Kitab Suci, doa, dan kerendahan hati.

11. Prinsip continuationist yang seimbang bahwa karunia-karunia harus disambut di bawah Kitab Suci dan pembedaan bersama.

12. Wayne A. Grudem, Systematic Theology: An Introduction to Biblical Doctrine (Grand Rapids, MI: Zondervan, 1994).

13. John F. MacArthur Jr., Charismatic Chaos (Grand Rapids, MI: Zondervan, 1992).

14. Pengingat alkitabiah bahwa ungkapan rohani harus tetap teratur, dapat dimengerti, dan membangun.

15. Cindy Jacobs, Possessing the Gates of the Enemy: A Training Manual for Militant Intercession (Tarrytown, NY: Chosen Books, 1991); Cindy Jacobs, Invading the Enemy's Strongholds: Targeted Intercession That Unleashes Revival, Awakening, and Reformation (Shippensburg, PA: Destiny Image Publishers, 2023); C. Peter Wagner, Confronting the Powers (Ventura, CA: Regal Books, 1996); C. Peter Wagner, Warfare Prayer (Ventura, CA: Regal Books, 1992); Bill Hamon, The Eternal Church (Santa Rosa Beach, FL: Christian International Publishers, 1981); Bill Hamon, Prophets, Pitfalls, and Principles (Shippensburg, PA: Destiny Image Publishers, 1991).

16. Pedoman metodologis bahwa teks-teks nubuat, syafaat, dan peperangan rohani harus dibaca sebagai sumber primer gerakan dan diuji berdasarkan Kitab Suci.

17. Penekanan pastoral bahwa kerendahan hati mengubah pembedaan dari sikap defensif menjadi koreksi yang membangun.

18. Prinsip kesehatan rohani bahwa buah yang menyerupai Kristus merupakan ukuran yang lebih dapat dipercaya daripada karunia atau pengalaman saja.

19. Sintesis akhir bahwa menjaga nyala api mempertahankan pembaruan sejati agar tetap jernih, berbuah, dapat dipertanggungjawabkan, dan berpusat pada Kristus.

20. Chuck D. Pierce dan Alemu Beeftu, Rekindle the Altar Fire: Making a Place for God's Presence (Bloomington, MN: Chosen Books, 2020). Sumber ini digunakan untuk membingkai mezbah sebagai tempat hadirat Allah dan menghubungkan api Allah dengan kekudusan, pertobatan, pembaruan kehidupan rohani, penyerahan diri, dan transformasi.

21. Penerapan interpretatif atas 1 Raja-raja 18:38, dengan menggunakan terbakarnya korban, kayu, batu, debu, dan air sebagai gambaran rohani tentang karya Allah yang memurnikan dan mengubahkan seluruh kehidupan.

22. Sintesis pastoral dari tema api mezbah: pengudusan yang diperbarui melalui pertobatan, penyerahan diri, penyembahan, doa, dan ketaatan memungkinkan api Allah memurnikan, memberi kuasa, dan mengubahkan tanpa kebingungan atau peninggian diri.

23. Penerapan penutup Bab 10: pembedaan mencapai tujuannya dalam pengudusan, ketika Kristus tetap menjadi pusat, Kitab Suci tetap berotoritas, Roh tetap disambut, dan seluruh kehidupan dipersembahkan kepada Allah.

KESIMPULAN
NYALA API DIPULIHKAN

Buku ini tidak ditulis untuk mempromosikan suatu gerakan, membela sebuah sistem, atau mengkritik hanya demi kritik itu sendiri. Tujuannya adalah membawa seluruh pembahasan kembali kepada Yesus Kristus. Ia adalah sumber, ukuran, dan tujuan setiap karya pembaruan yang sejati. Tanpa Dia sebagai pusat, bahkan upaya yang tulus untuk memperoleh vitalitas rohani pada akhirnya akan kehilangan arah. Dengan Dia sebagai pusat, api tetap jernih, stabil, dan berbuah.[1]

Di sepanjang bab-bab ini, beberapa keyakinan telah terlihat. Pembaruan berakar dalam kehidupan dan misi Kristus, dinyatakan melalui karya Roh Kudus, serta dipelihara melalui pengajaran, doa, persekutuan, kekudusan, kesaksian, dan pembedaan rohani. Sejarah gereja mengingatkan bahwa Allah telah menggugah umat-Nya dalam banyak musim, tetapi panggilannya selalu sama: kembali kepada Kitab Suci, pertobatan, kekudusan, misi, dan ketergantungan kepada Roh.

Jalur buku ini bergerak dari asal-usul alkitabiah menuju penjelasan teologis, kemudian melalui kritik, tanggapan, dan penerapan praktis. Sepanjang perjalanan itu, satu tema tetap konsisten: apa yang Allah berikan harus berakar dalam Kitab Suci, diuji dengan kerendahan hati, diwujudkan dalam kehidupan sehari-hari, dan dilindungi di dalam gereja.

Gerakan dari Kisah Para Rasul menuju pembaruan modern, dari iman dan pengakuan menuju kritik serta koreksi, dari devosi pribadi menuju komunitas, pemuridan, kesaksian, kesetiaan lintas generasi, dan pembedaan rohani telah menunjukkan bahwa kehidupan Roh tidak dipelihara hanya melalui intensitas. Kehidupan itu bertumbuh dalam ketika orang percaya tetap berakar dalam Kristus, dibimbing Kitab Suci, dan bergantung kepada Roh Kudus.

Pembedaan rohani juga menjadi pusat perjalanan ini. Bahasa rohani atau pengalaman yang penuh kuasa tidak menghapus kebutuhan akan pengujian yang saksama; semuanya justru membuat pengujian itu semakin diperlukan. Orang percaya dipanggil menimbang apa yang mereka dengar, mengukur segala sesuatu berdasarkan Kitab Suci, dan tetap cukup rendah hati untuk dikoreksi. Dengan cara demikian, apa yang sungguh-sungguh berasal dari Allah dilindungi dari penyimpangan dan tetap selaras dengan kebenaran-Nya.[2]

Pada setiap titik, Kristus tetap menjadi acuan yang menentukan. Ia adalah Kepala gereja, sumber kehidupannya, dan standar yang digunakan untuk menilai segala sesuatu. Ketika perhatian bergeser kepada metode, tokoh, atau pengalaman, kebingungan segera mengikuti. Ketika gereja kembali memandang Kristus, kejelasan kembali. Gereja tidak membutuhkan dasar lain. Gereja membutuhkan tindakan kembali secara terus-menerus kepada Pribadi yang telah diberikan.[3]

Karena itu, memulihkan nyala api bukanlah memulihkan satu gaya penyembahan, menghidupkan kembali satu rangkaian praktik, atau menciptakan ulang suatu gerakan masa lalu. Memulihkan nyala api berarti kembali kepada Kristus sendiri—mempercayai Firman-Nya, menyambut Roh-Nya, dan hidup di bawah ketuhanan-Nya:

"Kamu telah menerima Kristus Yesus, Tuhan kita. Karena itu hendaklah hidupmu tetap di dalam Dia. Hendaklah kamu berakar di dalam Dia dan dibangun di atas Dia dan bertambah teguh dalam iman."

—Kolose 2:6–7, TB 1974

"Barangsiapa memegang perintah-Ku dan melakukannya, dialah yang mengasihi Aku."

—Yohanes 14:21, TB 1974

Tindakan kembali seperti itu sederhana, tetapi tidak pernah dangkal. Tindakan itu menuntut kerendahan hati, pertobatan, iman, dan ketekunan (Yak. 4:6–10; Mrk. 1:15; Ibr. 12:1–2).[4]

Karya itu tidak selalu dramatis. Karya tersebut dapat dimulai dengan tenang—dalam doa, Kitab Suci, pertobatan, atau kepercayaan yang diperbarui (Mzm. 119:105; Luk. 18:1; 2 Kor. 7:10). Namun seiring waktu, karya itu terlihat dalam karakter yang menyerupai Kristus, ketaatan yang setia, dan kasih kepada sesama:

"Tetapi buah Roh ialah: kasih, sukacita, damai sejahtera, kesabaran, kemurahan, kebaikan, kesetiaan, kelemahlembutan, penguasaan diri."
—Galatia 5:22–23, TB 1974

"Dan inilah perintah-Nya itu: supaya kita percaya akan nama Yesus Kristus, Anak-Nya, dan supaya kita saling mengasihi."
—1 Yohanes 3:23, TB 1974

Api tidak hanya diukur berdasarkan intensitas, tetapi berdasarkan ketekunan (Ibr. 10:36; Why. 2:2–3).[5] [6]

Ketika visi ini berakar, pembaruan menguatkan lebih daripada orang percaya secara pribadi. Pembaruan menguatkan seluruh gereja. Gereja menjadi tempat kebenaran diajarkan, Roh disambut, dan kehidupan dibentuk di dalam Kristus (Kis. 2:42–47; Ef. 4:11–16). Kehidupan rohani tidak lagi bergantung kepada satu momen, satu tokoh, atau satu suasana. Kehidupan itu dipikul oleh orang-orang percaya biasa yang berjalan dengan setia bersama Allah (1 Kor. 3:6–9; 1 Ptr. 2:5).[7]

Janji Kitab Suci tetap jelas. Yesus menyatakan:

"Aku menyertai kamu senantiasa sampai kepada akhir zaman."
—Matius 28:20, TB 1974

Jaminan itu memberikan pengharapan yang bertahan kepada gereja. Kristus tidak jauh dari umat-Nya. Ia tetap hadir—membimbing, mengoreksi, menguatkan, dan memelihara mereka:

"Aku tidak akan meninggalkan kamu sebagai yatim piatu. Aku datang kembali kepadamu."
—Yohanes 14:18, TB 1974

"Aku sekali-kali tidak akan membiarkan engkau dan Aku sekali-kali tidak akan meninggalkan engkau."
—Ibrani 13:5, TB 1974

Janji-janji tersebut menjaga gereja dari keputusasaan karena Pribadi yang memulihkan nyala api juga tetap menyertai umat-Nya.[8]

Karena itu, pencarian pembaruan bukanlah pencarian terhadap sesuatu yang tidak ada, melainkan tindakan kembali kepada Pribadi yang hadir (Why. 2:4–5; Yoh. 15:4–5). Nyala api tidak perlu diciptakan. Nyala api perlu diterima, dipelihara, dan dijaga di dalam hubungan dengan Kristus (2 Tim. 1:6, 14).[9]

Gereja yang lebih luas juga telah belajar, terkadang melalui pengalaman yang menyakitkan, bahwa pembaruan harus ditangani dengan hati-hati. Kritik lama dan refleksi global yang lebih baru memperingatkan terhadap pengajaran kemakmuran yang membebani mereka yang menderita, doktrin Word of Faith yang memperluas Kitab Suci melampaui maksudnya, serta praktik rohani yang mencampuradukkan intensitas dengan kekudusan.[10] Namun peringatan tersebut tidak harus membawa gereja kepada ketakutan. Peringatan itu dapat membawa gereja kembali kepada Kristus dengan kerendahan hati yang lebih besar. Di mana Kristus dihormati, Kitab Suci ditaati, Roh disambut dengan pembedaan, dan gereja berjalan dalam kerendahan hati, kasih, serta kebenaran, kehidupan Allah masih dapat menyala dengan terang di antara umat-Nya (Mi. 6:8; Yoh. 17:17; 1 Tes. 5:19–21). Masa depan nyala api tidak bergantung kepada satu gerakan. Masa depan itu bergantung kepada Tuhan atas gereja dan kepada umat-Nya yang kembali kepada-Nya berulang kali (Kol. 1:18; Why. 2:1).[11]

Kiranya panggilan ini tidak hanya menghasilkan persetujuan, tetapi juga tanggapan—penyerahan yang diperbarui kepada Yesus Kristus, kasih yang lebih dalam terhadap Firman-Nya, dan sambutan yang rendah hati terhadap karya Roh Kudus:

"Karena itu, saudara-saudara, demi kemurahan Allah aku menasihatkan kamu, supaya kamu mempersembahkan tubuhmu sebagai persembahan yang hidup, yang kudus dan yang berkenan kepada Allah ... Janganlah kamu menjadi serupa dengan dunia ini, tetapi berubahlah oleh pembaharuan budimu."

—Roma 12:1–2, TB 1974

"Demikianlah hendaknya terangmu bercahaya di depan orang, supaya mereka melihat perbuatanmu yang baik dan memuliakan Bapamu yang di sorga."

—Matius 5:16, TB 1974

Dan kiranya nyala api yang telah dipulihkan terus menyala dengan stabil, jernih, dan bertahan lama, bagi kemuliaan Allah serta kebaikan umat-Nya (Flp. 2:15–16).[12]

CATATAN KESIMPULAN

1. Kesimpulan utama bahwa pembaruan sejati pada dasarnya merupakan tindakan kembali kepada Kristus, bukan kepada metode atau gerakan masa lalu.

2. Penekanan akhir bahwa pembedaan rohani melindungi pembaruan dari penyimpangan dan menjaganya tetap selaras dengan Kitab Suci.

3. Kesimpulan yang berpusat pada Kristus bahwa metode, tokoh, dan pengalaman harus tetap berada di bawah Yesus sebagai Kepala gereja.

4. Ringkasan pastoral bahwa memulihkan nyala api berarti kembali kepada Kristus dalam iman, pertobatan, kerendahan hati, dan ketekunan.

5. A. W. Tozer, The Pursuit of God (Harrisburg, PA: Christian Publications, 1948).

6. Kesimpulan pastoral bahwa tanda paling sejati dari pembaruan adalah ketekunan yang stabil dan menyerupai Kristus.

7. Pengharapan gerejawi bahwa pembaruan menjadi stabil ketika diwujudkan dalam kehidupan gereja yang biasa dan setia.

8. Dorongan teologis bahwa kehadiran Kristus yang tetap menyertai merupakan dasar pengharapan dan pembaruan gereja yang bertahan.

9. Prinsip ringkasan bahwa pembaruan pertama-tama bersifat relasional sebelum bersifat metodologis.

10. Asamoah-Gyadu, "The Prosperity Gospel and Its Challenge"; Akiri, "The Prosperity Gospel"; Muriithi, "Prosperity Doctrine Isn't Just Wrong"; Morris, "A Biblical and Theological Analysis."

11. Sintesis akhir bahwa pengharapan pembaruan tidak terletak pada gerakan itu sendiri, melainkan pada pemerintahan Kristus yang terus berlangsung atas gereja-Nya.

12. Doa pastoral terakhir agar buku ini membawa kepada tanggapan yang taat dan kesetiaan yang berpusat pada Kristus serta bertahan lama.

LAMPIRAN A

DOA SEDERHANA UNTUK MENERIMA YESUS SEBAGAI JURUSELAMAT

Doa itu sendiri tidak menyelamatkan seseorang. Keselamatan adalah karunia Allah yang diterima oleh kasih karunia melalui iman kepada Yesus Kristus, bukan melalui pengulangan kata-kata tertentu atau mengikuti formula keagamaan. Kitab Suci berkata:

"Sebab karena kasih karunia kamu diselamatkan oleh iman; itu bukan hasil usahamu, tetapi pemberian Allah, itu bukan hasil pekerjaanmu: jangan ada orang yang memegahkan diri."

—Efesus 2:8–9, TB 1974

Meskipun demikian, doa yang sederhana dan terbimbing dapat menolong seseorang berbicara dengan jujur kepada Allah, mengungkapkan pertobatan, mempercayai Kristus, dan mulai mengarahkan hati kepada-Nya, seperti pemungut cukai yang berdoa, "Ya Allah, kasihanilah aku orang berdosa ini" (Luk. 18:13–14).[1]

Injil dimulai dengan Allah. Ia menciptakan manusia untuk bersekutu dengan-Nya, tetapi dosa membawa pemisahan, kesalahan, pemberontakan, dan kematian rohani. Kitab Suci berkata:

"Karena semua orang telah berbuat dosa dan telah kehilangan kemuliaan Allah."

—Roma 3:23, TB 1974

"Sebab upah dosa ialah maut; tetapi karunia Allah ialah hidup yang kekal dalam Kristus Yesus, Tuhan kita."

—Roma 6:23, TB 1974

Kita tidak dapat memperbaiki pemisahan itu melalui usaha moral, kegiatan keagamaan, atau perbaikan diri (Yes. 64:6; Tit. 3:5). Kabar baiknya adalah bahwa Yesus Kristus, Anak Allah, datang dalam daging, mati bagi dosa-dosa kita, bangkit kembali, dan sekarang menawarkan pengampunan serta kehidupan baru kepada setiap orang yang datang kepada-Nya dalam iman:

"Karena begitu besar kasih Allah akan dunia ini, sehingga Ia telah mengaruniakan Anak-Nya yang tunggal, supaya setiap orang yang percaya kepada-Nya tidak binasa, melainkan beroleh hidup yang kekal."

—Yohanes 3:16, TB 1974

Undangan ini bersifat pribadi. Yesus memberikan janji kepada setiap orang yang datang kepada-Nya:

"Barangsiapa datang kepada-Ku, ia tidak akan Kubuang."

—Yohanes 6:37, TB 1974

"Barangsiapa yang berseru kepada nama Tuhan, akan diselamatkan."

—Roma 10:13, TB 1974

Janji-janji tersebut memberikan jaminan kepada setiap orang yang datang kepada Kristus dengan jujur, bertobat, dan mempercayai-Nya (Kis. 2:21; Luk. 15:20).[3]

Datang kepada Kristus lebih daripada sekadar menyetujui bahwa beberapa hal itu benar. Artinya adalah berbalik dari dosa dan mempercayakan diri kepada Yesus sebagai Juruselamat dan Tuhan. Yesus memulai pelayanan-Nya di depan umum dengan panggilan ini:

"Bertobatlah dan percayalah kepada Injil!"

—Markus 1:15, TB 1974

"Sebab jika kamu mengaku dengan mulutmu, bahwa Yesus adalah Tuhan, dan percaya dalam hatimu, bahwa Allah telah membangkitkan Dia dari antara orang mati, maka kamu akan diselamatkan."

—Roma 10:9, TB 1974

Pertobatan bukanlah kesempurnaan; pertobatan adalah perubahan arah yang nyata (2 Kor. 7:10). Iman bukan sekadar menghormati Yesus; iman berarti bersandar kepada-Nya (Flp. 3:8–9). Keselamatan dimulai ketika hati tunduk di hadapan Kristus dan menerima belas kasih serta pemerintahan-Nya (Rm. 10:9–10).[4]

Apabila Anda siap datang kepada Kristus, Anda dapat berdoa dengan kata-kata Anda sendiri. Doa berikut dapat menjadi panduan sederhana:[5]

Bapa surgawi yang terkasih,

Saya datang kepada-Mu dalam nama Yesus Kristus.

Saya percaya bahwa Yesus mati bagi dosa-dosa saya dan bangkit kembali.

Saya berbalik dari dosa dan menaruh kepercayaan hanya kepada Yesus Kristus.

Ampunilah saya, tahirkanlah saya, dan jadikanlah saya baru.

Saya menerima Yesus sebagai Juruselamat dan Tuhan saya.

Terima kasih karena Engkau mengasihi saya, menerima saya, dan memberikan hidup yang kekal.

Dalam nama Yesus, Amin.

Sesudah berdoa, jangan menaruh keyakinan hanya kepada perasaan, tetapi kepada janji Allah. Kitab Suci berkata:

"Dan inilah kesaksian itu: Allah telah mengaruniakan hidup yang kekal kepada kita dan hidup itu ada di dalam Anak-Nya ... Semuanya itu kutuliskan kepada kamu, supaya kamu yang percaya kepada nama Anak Allah, tahu, bahwa kamu memiliki hidup yang kekal."

—1 Yohanes 5:11–13, TB 1974

Yesus menerima mereka yang datang kepada-Nya (Yoh. 6:37). Langkah berikutnya sederhana tetapi penting: mulailah membaca Injil Yohanes, berdoalah setiap hari, bergabunglah dengan gereja yang mempercayai Alkitab, dan bertumbuhlah dalam pemuridan, penyembahan, serta ketaatan (Kis. 2:42; 1 Ptr. 2:2; Ibr. 10:24–25). Keselamatan bukan akhir perjalanan. Keselamatan adalah awal kehidupan bersama Kristus:

"Jadi siapa yang ada di dalam Kristus, ia adalah ciptaan baru: yang lama sudah berlalu, sesungguhnya yang baru sudah datang."

—2 Korintus 5:17, TB 1974

CATATAN LAMPIRAN A

1. Penjelasan pastoral bahwa doa merupakan ungkapan iman, bukan sarana keselamatan yang bekerja secara mekanis.

2. Ringkasan Injil yang singkat untuk penggunaan penginjilan.

3. Jaminan pastoral bahwa Kristus sungguh-sungguh menerima orang berdosa yang bertobat dan datang kepada-Nya dalam iman.

4. Penjelasan bahwa iman yang menyelamatkan mencakup pertobatan, kepercayaan, dan penyerahan kepada Kristus.

5. Contoh doa yang dimaksudkan sebagai panduan bagi pertobatan dan iman yang tulus, bukan formula tetap.

6. Pedoman pastoral untuk tindak lanjut awal dan langkah-langkah pertama dalam kehidupan Kristen.

LAMPIRAN B

PANDUAN PRAKTIS UNTUK MENERIMA ROH KUDUS

Roh Kudus bukan hadiah bagi pencapaian rohani. Ia adalah karunia yang dijanjikan Bapa dan diberikan melalui Yesus Kristus kepada orang percaya. Yesus berkata kepada para murid-Nya:

"Ia melarang mereka meninggalkan Yerusalem, dan menyuruh mereka tinggal di situ menantikan janji Bapa ... Sebab Yohanes membaptis dengan air, tetapi tidak lama lagi kamu akan dibaptis dengan Roh Kudus."

—Kisah Para Rasul 1:4–5, TB 1974

Kemudian Ia menjelaskan tujuan janji itu:

"Tetapi kamu akan menerima kuasa, kalau Roh Kudus turun ke atas kamu, dan kamu akan menjadi saksi-Ku ... sampai ke ujung bumi."

—Kisah Para Rasul 1:8, TB 1974

Petrus kemudian menyatakan janji yang sama kepada mereka yang menanggapi Injil:

"Bertobatlah dan hendaklah kamu masing-masing memberi dirimu dibaptis dalam nama Yesus Kristus untuk pengampunan dosamu ... maka kamu akan menerima karunia Roh Kudus. Sebab bagi kamulah janji itu dan bagi anak-anakmu dan bagi orang yang masih jauh."

—Kisah Para Rasul 2:38–39, TB 1974

Karena itu, orang percaya dapat datang kepada Allah dengan iman, pengharapan, kerendahan hati, dan penyerahan—bukan seolah-olah harus memperoleh Roh sebagai upah, melainkan sebagai anak-anak yang meminta kepada Bapa yang murah hati apa yang telah dijanjikan-Nya.[1]

Yesus memberikan dorongan ini dengan jelas:

"Jadi jika kamu yang jahat tahu memberi pemberian yang baik kepada anak-anakmu, apalagi Bapamu yang di sorga! Ia akan memberikan Roh Kudus kepada mereka yang meminta kepada-Nya."

—Lukas 11:13, TB 1974

Janji itu menolong menyingkirkan ketakutan dan usaha yang memaksa. Bapa tidak enggan, dan Roh tidak diterima melalui tekanan, penampilan, atau perbandingan. Karunia diberikan di dalam hubungan, ketika orang percaya datang kepada Allah dengan keyakinan, rasa hormat, dan kepercayaan:

"Kamu telah menerima Roh yang menjadikan kamu anak Allah. Oleh Roh itu kita berseru: "ya Abba, ya Bapa!" Roh itu bersaksi bersama-sama dengan roh kita, bahwa kita adalah anak-anak Allah."

—Roma 8:15–16, TB 1974

Orang percaya yang rindu dipenuhi Roh Kudus dapat memberikan tanggapan dengan cara yang sederhana, alkitabiah, dan berpusat pada Kristus:

- Bersyukurlah kepada Allah atas keselamatan melalui Yesus Kristus.
- Serahkanlah kembali diri Anda kepada ketuhanan Kristus.
- Mintalah kepada Bapa, dalam nama Yesus, untuk memenuhi Anda dengan Roh Kudus.
- Percayalah bahwa Allah memberikan apa yang dijanjikan-Nya.
- Sembahlah dan pujilah Allah dengan bebas.
- Serahkan hati, lidah, dan seluruh diri Anda kepada tuntunan Roh.
- Teruslah berjalan dalam iman tanpa ketegangan, ketakutan, atau usaha yang berpusat pada diri sendiri.

Gerakan hati ini—ucapan syukur, penyerahan, permintaan, iman, penyembahan, dan kesiapan untuk dipimpin—mencerminkan pola alkitabiah dalam menerima dari Allah. Paulus mendesak orang percaya mempersembahkan diri kepada Allah:

"Persembahkanlah tubuhmu sebagai persembahan yang hidup, yang kudus dan yang berkenan kepada Allah: itu adalah ibadahmu yang sejati."

—Roma 12:1, TB 1974

Ia juga memerintahkan orang percaya untuk terus terbuka terhadap kepenuhan Roh:

"Hendaklah kamu penuh dengan Roh, dan berkata-katalah seorang kepada yang lain dalam mazmur, kidung puji-pujian dan nyanyian rohani. Bernyanyi dan bersoraklah bagi Tuhan dengan segenap hati. Ucaplah syukur senantiasa atas segala sesuatu."

—Efesus 5:18–20, TB 1974

Langkah-langkah tersebut tidak boleh diperlakukan sebagai formula. Semuanya hanya merupakan cara untuk datang kepada Tuhan dengan jujur dan terbuka.[3]

Kisah Para Rasul menggambarkan Pentakosta pertama demikian:

"Maka penuhlah mereka dengan Roh Kudus, lalu mereka mulai berkata-kata dalam bahasa-bahasa lain, seperti yang diberikan oleh Roh itu kepada mereka untuk mengatakannya."

—Kisah Para Rasul 2:4, TB 1974

Markus 16:17 juga sering dikutip dalam pengajaran Pentakostal dan karismatik sebagai dukungan untuk mengharapkan bahasa roh di antara orang percaya:

"Tanda-tanda ini akan menyertai orang-orang yang percaya: mereka akan mengusir setan-setan demi nama-Ku, mereka akan berbicara dalam bahasa-bahasa yang baru bagi mereka."

—Markus 16:17, TB 1974

Dalam kerangka penafsiran tersebut, bahasa roh dapat diterima sebagai tanda yang berkaitan dengan baptisan Roh. Namun orang percaya harus selalu mencari Sang Pemberi lebih daripada tandanya (1 Kor. 12:7, 30–31). Tujuan terdalam kepenuhan Roh bukan pertunjukan, melainkan kehidupan yang ditandai oleh kekudusan, kasih, ketaatan, penyembahan, dan kesaksian (Gal. 5:22–23; Kis. 1:8; Yoh. 16:13–14).[4]

Apabila Anda ingin meminta kepenuhan Roh Kudus kepada Bapa, Anda dapat berdoa dengan kata-kata Anda sendiri. Doa berikut dapat menjadi panduan sederhana:[5]

Bapa, saya bersyukur karena Engkau menyelamatkan saya melalui Yesus Kristus.

Saya menyerahkan diri sepenuhnya kepada-Mu.

Penuhilah saya dengan Roh Kudus sesuai dengan janji-Mu.

Berikanlah kuasa kepada saya untuk mengasihi Yesus lebih dalam, menjalani hidup yang kudus, dan menjadi saksi Kristus yang berani.

Saya menerima dengan iman dan bersyukur atas karunia-Mu.

Dalam nama Yesus, Amin.

Sesudah berdoa, tetaplah tenang dan terbuka di hadapan Allah. Kitab Suci mendorong orang percaya:

"Janganlah hendaknya kamu kuatir tentang apa pun juga, tetapi nyatakanlah dalam segala hal keinginanmu kepada Allah dalam doa dan permohonan dengan ucapan syukur. Damai sejahtera Allah ... akan memelihara hati dan pikiranmu dalam Kristus Yesus."

—Filipi 4:6–7, TB 1974

Sebagian orang percaya dapat mengalami ungkapan rohani secara langsung, sedangkan yang lain bertumbuh menuju kebebasan yang lebih besar seiring waktu. Hindarilah perbandingan, sebab Roh membagikan karunia sesuai dengan kehendak-Nya:

"Ada rupa-rupa karunia, tetapi satu Roh ... Tetapi semuanya ini dikerjakan oleh Roh yang satu dan yang sama, yang memberikan karunia kepada tiap-tiap orang secara khusus, seperti yang dikehendaki-Nya."

—1 Korintus 12:4, 11, TB 1974

Tetapkan mata kepada Kristus (Ibr. 12:2; Gal. 6:4). Roh diberikan agar kehidupan Yesus dibentuk di dalam orang percaya dan gereja diberi kuasa bagi misi (Gal. 4:19; Kis. 1:8).[6]

CATATAN LAMPIRAN B

1. Penjelasan doktrinal bahwa Roh Kudus diterima sebagai janji Allah yang penuh kasih karunia, bukan diperoleh melalui performa rohani.

2. Penekanan pastoral bahwa orang percaya dapat meminta Roh dengan keyakinan kepada kemurahan Bapa.

3. Kerangka pastoral untuk menerima Roh dengan cara yang sederhana, tidak manipulatif, dan dibentuk Kitab Suci.

4. Penjelasan Pentakostal-karismatik yang seimbang bahwa tanda rohani harus tetap berada di bawah kehidupan dan misi yang menyerupai Kristus.

5. Contoh doa yang dimaksudkan sebagai panduan bagi iman dan penyerahan diri, bukan formula tetap.

6. Pedoman pastoral bahwa menerima Roh harus tetap penuh damai, berpusat pada Kristus, dan bebas dari perbandingan yang tidak sehat.

LAMPIRAN C

PERALATAN PELAYANAN UNTUK INJIL, KESEMBUHAN, DAN DOA

Peralatan pelayanan dimaksudkan untuk melayani manusia, bukan mengubah pelayanan menjadi formula. Peralatan dapat menolong orang percaya membagikan Injil, mendoakan orang sakit, dan melayani sesama dengan kejelasan, belas kasih, iman alkitabiah, serta ketergantungan kepada Roh Kudus (Ef. 4:11–13; Kol. 4:5–6). Namun pelayanan tetap merupakan karya Kristus melalui umat-Nya, bukan hasil teknik semata-mata (Yoh. 15:5; 1 Kor. 3:6–7).[1]

MEMBAGIKAN INJIL DENGAN SEDERHANA

Ketika membagikan Injil, berbicaralah secara sederhana dan jelas. Penjelasan dasar dapat bergerak melalui kebenaran berikut:

- Allah menciptakan kita bagi diri-Nya dan mengasihi kita.
- Dosa memisahkan kita dari Allah serta membawa kesalahan dan kematian.
- Yesus Kristus mati bagi dosa-dosa kita dan bangkit kembali.
- Melalui pertobatan dan iman kepada Kristus, kita diampuni serta menerima kehidupan baru.

Garis besar sederhana ini mencerminkan gerakan alkitabiah dari penciptaan menuju kejatuhan, penebusan, dan tanggapan (Kej. 1:27; Rm. 3:23; 1 Kor. 15:3–4; Mrk. 1:15).[2]

Ketika membagikan Injil, hindarilah membuat berita itu menjadi rumit tanpa perlu. Berbicaralah dengan jelas mengenai dosa, kasih karunia, salib, kebangkitan, dan panggilan untuk memberikan tanggapan (1 Kor. 2:1–5). Apabila orang tersebut telah siap, undanglah dengan lembut untuk bertobat, percaya, dan berseru kepada nama Tuhan, sebab Kitab Suci berkata, "Barangsiapa yang berseru kepada nama Tuhan, akan diselamatkan" (Rm. 10:13; Kis. 2:21).[3]

BERDOA BERSAMA SESEORANG UNTUK KESELAMATAN

Ketika seseorang ingin menerima Kristus, bantulah ia memberikan tanggapan dengan pengertian dan ketulusan:

- Jelaskan pertobatan dan iman secara sederhana.
- Tanyakan apakah ia memahami bahwa keselamatan diberikan oleh kasih karunia melalui Yesus Kristus.
- Bimbinglah ia dalam doa yang tulus, tetapi doronglah agar ia berbicara dari hati dan tidak hanya mengulangi kata-kata secara mekanis.
- Ingatkanlah akan janji Kristus bahwa orang yang datang kepada-Nya tidak akan dibuang.

Bimbingan seperti ini menjaga momen tersebut tetap pribadi dan tulus. Hal itu mencerminkan penekanan Perjanjian Baru pada kasih karunia, iman dari hati, dan janji Kristus untuk menerima mereka yang datang kepada-Nya (Ef. 2:8–9; Rm. 10:9–10; Yoh. 6:37).[4]

ILUSTRASI JEMBATAN UNTUK KESELAMATAN

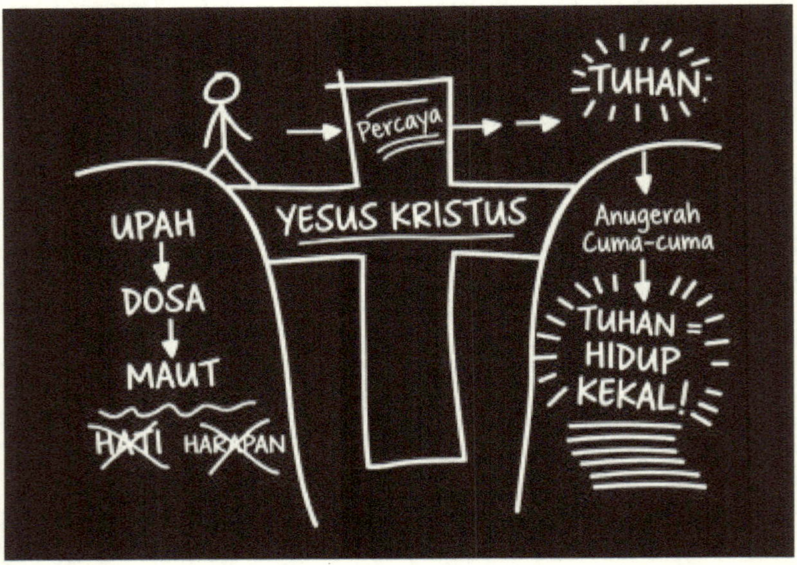

Ilustrasi Jembatan adalah cara visual yang sederhana untuk menjelaskan Injil. Ilustrasi ini menolong orang memahami bahwa dosa memisahkan manusia dari Allah dan hanya Kristus yang menjembatani pemisahan tersebut melalui kematian serta kebangkitan-Nya (Rm. 3:23; Rm. 6:23; 1 Ptr. 3:18).[5]

Anda dapat menggambar dua tebing dengan jurang lebar di antaranya. Pada satu sisi terdapat Allah yang kudus dan benar; pada sisi lainnya terdapat manusia yang dipisahkan oleh dosa (Yes. 59:2; Rm. 3:23; Rm. 6:23). Jelaskan bahwa tidak ada jumlah perbuatan baik, agama, atau usaha manusia yang dapat menutup jurang tersebut (Ef. 2:8–9; Tit. 3:5).[6]

Kemudian gambarlah salib yang membentang di atas jurang sebagai jembatan. Salib melambangkan Yesus Kristus yang mati menggantikan kita dan bangkit kembali (Yoh. 3:16; 1 Ptr. 3:18; 1 Kor.

15:3–4). Untuk menyeberangi jembatan dan menerima keselamatan, seseorang harus mempercayai Yesus dengan iman, bertobat, dan menerima-Nya sebagai Tuhan serta Juruselamat (Ef. 2:8–9; Rm. 10:9–10). Dari sana, Anda dapat mengajukan pertanyaan undangan sederhana yang memberikan kesempatan bagi tanggapan pribadi. Pendekatan ini berguna karena jelas, mudah diingat, dan secara alami membawa kepada percakapan Injil serta doa.[7]

Membimbing seseorang menuju keselamatan adalah salah satu momen paling serius dan indah dalam pelayanan, sehingga tidak boleh diperlakukan dengan ringan. Yesus berkata kepada Nikodemus, "Jika seorang tidak dilahirkan kembali, ia tidak dapat melihat Kerajaan Allah ... Kamu harus dilahirkan kembali" (Yoh. 3:3, 7). Keselamatan yang sejati lebih daripada mengucapkan kata-kata; keselamatan berarti "diperanakkan ... dari Allah" (Yoh. 1:12–13).[8]

BERDOA BAGI KESEMBUHAN

Doa kesembuhan harus penuh belas kasih, yakin, dan rendah hati. Yakobus 5 memerintahkan gereja untuk mendoakan orang sakit, dan pelayanan Yesus menyatakan belas kasih Allah kepada mereka yang menderita (Yak. 5:14–16; Mat. 14:14). Pada saat yang sama, doa tidak boleh berubah menjadi tekanan. Orang yang menerima doa tidak boleh dibuat merasa bahwa setiap hasil bergantung kepada kepastian manusia atau hasil yang terlihat (2 Kor. 12:7–10).[9]

Doa kesembuhan singkat dapat berbunyi demikian:[10]

Tuhan Yesus,

Engkau penuh belas kasih dan kuasa.

Kami memohon agar Engkau menjamah orang ini, membawa kesembuhan, memulihkan yang rusak, dan menyatakan damai sejahtera serta belas kasih-Mu.

Kami mempercayakan hasilnya kepada-Mu dan menyerahkan kebutuhan ini ke dalam tangan-Mu.

Dalam nama Yesus, Amin.

Sesudah berdoa, teruslah memberikan tanggapan dengan kasih, baik ada maupun tidak ada hasil yang langsung terlihat (Rm. 12:15). Berikan dorongan, doa lanjutan, dan pemeliharaan pastoral (1 Tes. 5:14; Gal. 6:2). Pelayanan yang sejati tidak menghilang ketika jawaban membutuhkan waktu.[11]

Melayani bersama-sama dalam pelayanan kesembuhan mengajarkan kepada kami betapa pentingnya pembedaan rohani. Terkadang doa berlangsung dalam momen yang singkat, tetapi bermakna. Dalam momen tersebut, kita perlu mendengarkan dengan saksama tuntunan Roh Kudus ketika melayani (Rm. 8:14; 1 Tes. 5:19–21).[12]

MODEL DOA YANG SEIMBANG

Ketika melayani seseorang, sifat-sifat berikut menolong menjaga doa tetap sehat dan berpusat pada Kristus:

- Bersikaplah tenang.
- Bersikaplah penuh kasih.
- Berbicaralah dengan jelas.
- Biarlah doa dibentuk oleh Kitab Suci.
- Bersikaplah rendah hati.
- Tetaplah penuh doa.

Sifat-sifat ini mencerminkan panggilan Perjanjian Baru kepada kasih, kejelasan, kerendahan hati, keteraturan, dan perhatian rohani dalam pelayanan (1 Kor. 14:33; Kol. 4:6; Flp. 2:3–5; Ef. 6:18).[13]

Peralatan ini paling berguna ketika tetap menjadi pelayan Injil dan ungkapan kasih yang menyerupai Kristus (1 Kor. 9:22–23). Tujuannya bukan menciptakan ketergantungan kepada pelayan, melainkan mengarahkan manusia kepada Yesus Kristus, satu-satunya Pribadi yang menyelamatkan, menyembuhkan, memulihkan, dan memimpin umat-Nya (2 Kor. 4:5; Yoh. 3:30).[14]

CATATAN LAMPIRAN C

1. Prinsip pengatur Lampiran C: peralatan pelayanan harus mendukung ketergantungan yang berpusat pada Kristus, bukan praktik mekanis.

2. Garis besar ringkas untuk menyampaikan Injil dengan jelas dan sederhana.

3. Pedoman penginjilan bahwa kejelasan dan kesederhanaan sering kali paling baik dalam melayani undangan Injil.

4. Pedoman pastoral untuk membimbing seseorang kepada Kristus tanpa mempersempit keselamatan menjadi momen yang mengikuti naskah.

5. Penjelasan Ilustrasi Jembatan sebagai alat bantu penginjilan yang praktis.

6. Penjelasan bagian pertama Ilustrasi Jembatan.

7. Pedoman praktis penggunaan Ilustrasi Jembatan sebagai alat penginjilan sederhana.

8. Peringatan pastoral bahwa pelayanan penginjilan harus mengarah kepada kelahiran baru yang sejati, bukan sekadar tanggapan verbal.

9. Perlindungan pastoral bagi pelayanan kesembuhan: berdoalah dengan iman, tetapi tidak pernah dengan tekanan atau kelancangan.

10. Contoh doa kesembuhan yang dimaksudkan sebagai panduan rendah hati bagi pelayanan penuh belas kasih.

11. Petunjuk pastoral bahwa kasih, dorongan, dan perhatian harus terus diberikan, terlepas dari ada atau tidaknya hasil yang langsung terlihat.

12. Refleksi pelayanan mengenai kebutuhan akan pembedaan dan perhatian yang dipimpin Roh selama doa kesembuhan.

13. Model doa seimbang bagi pelayanan yang tenang, penuh kasih, jelas, dibentuk Kitab Suci, rendah hati, dan penuh doa.

14. Perlindungan penutup bahwa peralatan pelayanan harus menunjuk kepada Kristus, bukan menciptakan ketergantungan kepada pelayan.

LAMPIRAN D
PERTANYAAN DISKUSI

Pertanyaan-pertanyaan ini ditujukan untuk refleksi pribadi, percakapan pendampingan, kelompok kecil, tim pelayanan, atau penggunaan di kelas. Tujuannya bukan menguji apakah pembaca mengingat informasi, melainkan menolong mereka mendengarkan Kitab Suci dengan saksama, memeriksa pengalaman sendiri, dan memberikan tanggapan melalui ketaatan yang penuh doa (Yak. 1:22; Ibr. 10:24–25).[1]

BAB 1

- Di manakah Anda melihat Allah membangunkan iman, doa, atau kelaparan rohani dalam kisah hidup Anda?

- Bagaimana Kitab Kisah Para Rasul menolong Anda mengenali perbedaan antara pembaruan alkitabiah dan kegairahan keagamaan?

- Apa yang dapat kita pelajari dari tokoh-tokoh kebangunan masa lalu tanpa menjadikan satu pribadi atau gerakan sebagai model terakhir?

BAB 2

- Bagaimana Anda menjelaskan iman alkitabiah dengan cara yang tetap menempatkan kepercayaan kepada Allah sebagai pusat?

- Kapan pengakuan menjadi kesaksian yang sehat dan kapan pengakuan dapat berubah menjadi tekanan atau performa?

- Seperti apakah menjalankan otoritas rohani sambil tetap rendah hati dan tunduk kepada Kristus?

BAB 3

- Kritik apa terhadap pengajaran kemakmuran yang paling menantang cara orang Kristen terkadang berbicara mengenai berkat?

- Bagaimana Kitab Suci menolong orang percaya memegang iman, penderitaan, kesembuhan, dan ketekunan secara bersama-sama?

- Bentuk pertanggungjawaban apa yang menolong gereja menyambut Roh tanpa menjadi ceroboh atau tidak teratur?

BAB 4

- Bagaimana orang percaya dapat mendengarkan kritik tanpa menjadi defensif, sinis, atau takut terhadap karya Roh?

- Apa yang menolong Anda membedakan iman yang berani dari iman yang diperlakukan sebagai teknik?

- Perlindungan praktis apa yang dapat menjaga doa kesembuhan, kesaksian, dan otoritas tetap berpusat pada Yesus?

BAB 5

- Kebiasaan sederhana apa yang paling menolong Anda tetap memperhatikan Allah ketika hidup terasa sibuk atau kering?

- Bagaimana penyembahan dapat membentuk seluruh kehidupan, bukan hanya suatu momen dalam kebaktian?

- Bagaimana kita dapat berdoa dengan berani bagi kesembuhan sambil tetap memelihara dengan lembut mereka yang terus menderita?

BAB 6

- Praktik apa yang membuat komunitas gereja terasa aman, jujur, dan hidup secara rohani?

- Bagaimana karunia rohani dapat disambut tanpa menciptakan perbandingan, persaingan, atau kesombongan?

- Mengapa koreksi dan pertanggungjawaban termasuk di dalam komunitas yang penuh kasih dan dipenuhi Roh?

BAB 7

- Apa yang terjadi ketika pengalaman rohani tidak diikuti oleh pengajaran, pendampingan, dan pembentukan?

- Bagaimana Kitab Suci pernah mengoreksi, meneguhkan, atau memperdalam kehidupan rohani Anda?

- Siapa yang telah menolong membentuk iman Anda, dan bagaimana Anda dapat menolong membentuk orang lain?

BAB 8

- Apa yang membuat suatu kesaksian dapat dipercaya melampaui kata-kata yang diucapkan?

- Di manakah Anda melihat kesempatan untuk menyatukan kesaksian Injil dengan belas kasih secara praktis?

- Hubungan atau lingkungan biasa apa yang mungkin sedang Allah undang untuk Anda pandang sebagai tempat kesaksian?

BAB 9

- Apa yang paling dibutuhkan orang percaya yang lebih muda dari orang percaya yang lebih tua pada musim ini?

- Irama sederhana apa yang dapat menolong keluarga meneruskan iman yang hidup, bukan hanya kenangan keagamaan?

- Bagaimana orang percaya yang lebih tua dan lebih muda dapat saling belajar tanpa dikuasai nostalgia atau kebaruan?

BAB 10

• Bagaimana Anda membedakan pembedaan rohani yang sehat dari ketidakpercayaan yang takut?

• Mengapa doktrin dan karya Roh saling membutuhkan dalam kehidupan gereja?

• Kebiasaan atau struktur apa yang dapat menolong gereja menguji klaim rohani sambil tetap terbuka kepada Allah?

CATATAN LAMPIRAN D

1. Pernyataan tujuan Lampiran D: menolong pembaca mengubah isi menjadi refleksi, diskusi, dan tanggapan yang taat.

2. Pertanyaan diskusi Bab 1 yang dirancang untuk menghubungkan kisah pribadi, dasar alkitabiah, dan kesadaran sejarah.

3. Pertanyaan diskusi Bab 2 yang berfokus pada iman alkitabiah, ucapan yang bijaksana, dan otoritas di bawah Kristus.

4. Pertanyaan diskusi Bab 3 yang menolong pembaca berpikir secara kritis dan pastoral mengenai ketidakseimbangan teologis.

5. Pertanyaan diskusi Bab 4 yang bertujuan mendorong tanggapan rendah hati dan berakar dalam Alkitab terhadap kritik.

6. Pertanyaan diskusi Bab 5 yang menolong pembaca menghubungkan pembaruan dengan kehidupan dan penyembahan sehari-hari.

7. Pertanyaan diskusi Bab 6 yang berfokus pada komunitas, karunia, kesatuan, dan pertanggungjawaban.

8. Pertanyaan diskusi Bab 7 yang menekankan pembentukan, pendampingan, dan pemuridan yang berkelanjutan.

9. Pertanyaan diskusi Bab 8 yang mengarahkan pembaca kepada kesaksian yang diwujudkan dan relasional.

10. Pertanyaan diskusi Bab 9 yang berpusat pada kesetiaan antargenerasi dan warisan rohani.

11. Pertanyaan diskusi Bab 10 yang dirancang untuk meneguhkan pembedaan rohani, doktrin, dan kesetiaan jangka panjang.

LAMPIRAN E

BACAAN YANG DIREKOMENDASIKAN

Daftar bacaan ini diberikan sebagai panduan bagi pembaca yang ingin mendalami Kitab Suci, teologi pembaruan, pemuridan, doa, pembedaan rohani, dan kehidupan Kristen yang praktis. Kitab Suci tetap menjadi otoritas pertama dan terakhir bagi kajian ini, tetapi karya-karya pilihan berikut dapat menolong pembaca memahami percakapan historis, teologis, dan pastoral yang membentuk banyak tema dalam buku ini (2 Tim. 2:15; 2 Tim. 3:16–17).[1]

KITAB SUCI TERLEBIH DAHULU

- Alkitab, khususnya Injil-Injil, Kisah Para Rasul, Efesus, Yakobus, dan Filipi.

- Injil Yohanes untuk mengenal pribadi dan perkataan Yesus.

- Kisah Para Rasul untuk kehidupan gereja mula-mula dan kesaksian yang diberdayakan Roh.

- Efesus untuk kehidupan gereja, kedewasaan, kesatuan, dan identitas rohani.

- Yakobus untuk kekudusan praktis, iman, doa, dan hikmat.

Rekomendasi ini menempatkan Kitab Suci terlebih dahulu karena setiap sumber lain harus dibaca dalam terang Firman Allah. Injil-Injil, Kisah Para Rasul, Efesus, Filipi, dan Yakobus sangat menolong untuk melihat Kristus, gereja mula-mula, pemuridan, doa, kekudusan, kesatuan, dan kesaksian secara bersama-sama (Luk. 24:27; Yoh. 20:31; Kis. 1:8; Ef. 4:11–16; Yak. 1:22).[2]

Karya-karya pilihan berikut diambil dari bibliografi yang lebih luas dan dari sumber yang telah tercermin dalam bab-bab buku ini. Semuanya disertakan untuk memberikan latar belakang sejarah, keseimbangan teologis, suara primer dari dalam gerakan, dan alat praktis untuk kajian lanjutan.[3]

KAJIAN SEJARAH DAN TEOLOGIS DASAR

Bowler, Kate. Blessed: A History of the American Prosperity Gospel. New York: Oxford University Press, 2013.

Kajian sejarah yang teliti mengenai Injil kemakmuran Amerika dan konteks budaya tempat banyak tema Word of Faith berkembang.[4]

Ferguson, Sinclair B. The Holy Spirit. Contours of Christian Theology. Downers Grove, IL: InterVarsity Press, 1996.

Kajian teologis seimbang mengenai Roh Kudus yang menolong pembaca menilai pengalaman karismatik dengan kedalaman alkitabiah dan historis.[5]

Grudem, Wayne A. Systematic Theology: An Introduction to Biblical Doctrine. Leicester, England: Inter-Varsity Press; Grand Rapids, MI: Zondervan, 1994.

Teologi injili yang luas dan berguna untuk memeriksa penekanan pembaruan terhadap doktrin-doktrin utama Kitab Suci.[6]

King, Paul L. Only Believe: Examining the Origin and Development of Classic and Contemporary Word of Faith Theologies. Tulsa, OK: Word & Spirit Press, 2008.

Kajian terfokus mengenai perkembangan Word of Faith yang memperhatikan arus Pentakostal, kesembuhan, dan kekudusan yang lebih awal.[7]

Hyatt, Eddie L. 2000 Years of Charismatic Christianity: A 21st Century Look at Church History from a Pentecostal/Charismatic Perspective. Lake Mary, FL: Charisma House, 2002.

Survei sejarah yang berpendapat bahwa karunia-karunia karismatik dan dorongan pembaruan terus berlangsung dari Pentakosta sepanjang abad hingga gerakan Pentakostal dan karismatik modern.

Oliver, Jeff. Pentecost to the Present. 3 vols. Alachua, FL: Bridge-Logos Publishers, 2017.

Kajian sejarah tiga jilid yang menelusuri laporan tentang karya Roh Kudus yang terus berlangsung melalui gerakan karunia nubuat dan rohani awal, reformasi dan kebangunan, serta kebangunan dan pembaruan di seluruh dunia.

TEKS KLASIK TENTANG KEBANGUNAN, IMAN, DAN SPIRITUALITAS

Finney, Charles G. Lectures on Revivals of Religion. New York: Leavitt, Lord & Co.; Boston: Crocker & Brewster, 1835.

Teks kebangunan yang penting secara historis dan menolong pembaca memahami pengharapan injili masa lalu mengenai kebangunan, pertobatan, dan kesungguhan rohani.[8]

Pratney, Winkie. Revival: Principles to Change the World. North Charleston, SC: CreateSpace Independent Publishing Platform, 2010.

Karya praktis yang berorientasi kepada kebangunan dan menghubungkan doa, kekudusan, ketaatan, serta dampak sosial.[9]

Tozer, A. W. The Pursuit of God. Harrisburg, PA: Christian Publications, 1948.

Karya klasik devosional yang mengalihkan perhatian pembaca dari metode dan kembali kepada kelaparan akan Allah sendiri.[10]

PENGAJARAN UTAMA WORD OF FAITH DAN KARISMATIK

Cho, David Yonggi. The Fourth Dimension. Vols. 1–2. Plainfield, NJ: Logos International, 1979; South Plainfield, NJ: Bridge Publishing, 1983.

Karya karismatik berpengaruh yang menghubungkan doa, visi, iman yang diucapkan, imajinasi, dan pertumbuhan gereja. Karya ini berguna untuk memahami pengaruh Cho dan harus dibaca dengan pembedaan alkitabiah.[11]

Cho, David Yonggi. The Holy Spirit, My Senior Partner. Altamonte Springs, FL: Creation House, 1989.

Karya praktis mengenai ketergantungan kepada Roh Kudus dalam khotbah, pelayanan pastoral, penginjilan, dan kehidupan gereja.

Hagin, Kenneth E. What Faith Is. Tulsa, OK: Faith Library Publications, 1966.

Teks primer singkat yang memperkenalkan pengertian Hagin mengenai iman dan menolong pembaca melihat bagaimana pengajaran Word of Faith menjelaskan dirinya dari dalam gerakan.[12]

Hagin, Kenneth E. Bible Faith Study Course. Tulsa, OK: Faith Library Publications, 1991.

Kursus pengajaran terstruktur yang menyajikan teologi iman Hagin dan penerapan praktisnya bagi kehidupan serta pelayanan Kristen.[13]

Hagin, Kenneth E. Bible Healing Study Course. Tulsa, OK: Faith Library Publications, 1999.

Teks kesembuhan Word of Faith yang representatif dan harus dibaca bersama pengajaran Kitab Suci yang lebih luas mengenai kesembuhan, doa, penderitaan, dan perhatian pastoral.[14]

KESEMBUHAN, MUKJIZAT, DAN PELAYANAN KUASA

Kuhlman, Kathryn. I Believe in Miracles. Englewood Cliffs, NJ: Prentice-Hall, 1962.

Kisah-kisah pelayanan kesembuhan yang secara signifikan membentuk pengharapan karismatik mengenai campur tangan mukjizat.

Wigglesworth, Smith. Ever Increasing Faith. Springfield, MO: Gospel Publishing House, 1924.

Khotbah dan kesaksian Pentakostal awal yang menekankan iman yang berani, kesembuhan, dan ketaatan di tengah perlawanan.

DOA, SYAFAAT, DAN PEPERANGAN ROHANI

Jacobs, Cindy. Invading the Enemy's Strongholds: Targeted Intercession That Unleashes Revival, Awakening, and Reformation. Shippensburg, PA: Destiny Image Publishers, 2023.

Uraian terbaru mengenai syafaat yang terarah, yang menyatukan tema peperangan rohani dengan pengharapan akan transformasi masyarakat.

Jacobs, Cindy. Possessing the Gates of the Enemy: A Training Manual for Militant Intercession. Tarrytown, NY: Chosen Books, 1991.

Buku pelatihan dasar dalam syafaat strategis yang membentuk praktik doa di banyak jaringan profetik dan apostolik.

Wagner, C. Peter. Warfare Prayer: How to Seek God's Power and Protection in the Battle to Build His Kingdom. Ventura, CA: Regal Books, 1992.

Panduan praktis mengenai doa sebagai peperangan yang bertujuan memajukan Kerajaan dan melindungi para pekerja.

Wagner, C. Peter. Confronting the Powers: How the New Testament Church Experienced the Power of Strategic-Level Spiritual Warfare. Ventura, CA: Regal Books, 1996.

Pernyataan utama mengenai peperangan rohani "tingkat strategis" yang menghubungkan pola Perjanjian Baru dengan praktik misioner kontemporer.

PELAYANAN APOSTOLIK-PROFETIK DAN REFORMASI GEREJA

Hamon, Bill. The Eternal Church: A Provocative Look at the Past, Present, and Future of the Church. Santa Rosa Beach, FL: Christian International Publishers, 1981.

Gambaran restorasionis mengenai sejarah gereja yang mendasari pengajaran berikutnya tentang rasul, nabi, dan reformasi akhir zaman.

Hamon, Bill. Prophets, Pitfalls, and Principles: God's Prophetic People Today. Vol. 3, The Prophets Series. Shippensburg, PA: Destiny Image Publishers, 1991; rev. and exp. ed., 2021.

Memberikan pengajaran korektif mengenai penyalahgunaan, kesalahan, dan praktik terbaik dalam pelayanan nubuat.

Pierce, Chuck D., and Alemu Beeftu. Rekindle the Altar Fire: Making a Place for God's Presence. Bloomington, MN: Chosen Books, 2020.

Panggilan karismatik modern untuk membangun kembali mezbah hadirat Allah dengan penekanan pada penyembahan, doa, kekudusan, pertobatan, dan api rohani yang diperbarui dalam kehidupan pribadi, keluarga, gereja, serta pelayanan.

PNEUMATOLOGI DEVOSIONAL DAN PENGALAMAN

Hinn, Benny. Good Morning, Holy Spirit. Nashville, TN: Thomas Nelson, 1990.

Narasi devosional populer yang memberikan model persekutuan sehari-hari yang akrab dengan Roh Kudus.

Hinn, Benny. Welcome, Holy Spirit. Nashville, TN: Thomas Nelson, 1994.

Mengembangkan lebih lanjut tema kehadiran dan kuasa Roh dalam pengalaman Kristen sehari-hari.

CATATAN LAMPIRAN E

1. Pernyataan tujuan Lampiran E: membimbing pembaca kepada kajian yang lebih dalam sambil mempertahankan Kitab Suci sebagai yang utama.

2. Prioritas pembacaan alkitabiah bagi seluruh kajian lanjutan.

3. Pengantar kepada daftar bacaan sekunder yang dipilih.

4. Rekomendasi terhadap Bowler sebagai kajian sejarah yang menolong memahami pengajaran kemakmuran dalam konteks.

5. Rekomendasi terhadap Ferguson sebagai kajian teologis seimbang mengenai Roh Kudus.

6. Rekomendasi terhadap Grudem sebagai titik acuan doktrinal injili yang luas.

7. Rekomendasi terhadap King sebagai kajian teologis-historis terfokus mengenai perkembangan Word of Faith.

8. Rekomendasi terhadap Finney sebagai teks kebangunan yang penting secara historis dan harus dibaca dengan pembedaan.

9. Rekomendasi terhadap Pratney sebagai teks kebangunan praktis dengan penekanan etis dan doa yang kuat.

10. Rekomendasi terhadap Tozer sebagai koreksi devosional yang mengarahkan pembaca kepada Allah sendiri.

11. Rekomendasi terhadap Cho sebagai suara karismatik besar yang karyanya perlu dibaca untuk memahami pengaruhnya dan diuji berdasarkan Kitab Suci.

12. Rekomendasi terhadap Hagin sebagai sumber primer dari gerakan yang penting untuk memahami pengajaran Word of Faith kemudian.

13. Rekomendasi terhadap kursus ini sebagai teks pengajaran representatif dalam pembentukan Word of Faith.

14. Rekomendasi terhadap teks ini sebagai sumber utama bagi teologi dan praktik kesembuhan Word of Faith.

LAMPIRAN F

PELAYAN DAN GERAKAN PEMBARUAN PILIHAN

Lampiran ini menghimpun tokoh-tokoh historis dan kontemporer yang disebutkan dalam buku ini atau berkaitan erat dengan tema-tema utamanya. Tujuannya bukan mengganggu bab-bab utama dengan rincian biografis yang panjang, melainkan memberikan tempat yang menolong pembaca memahami pribadi, pelayanan, dan gerakan yang berhubungan dengan pembaruan, iman, kesembuhan, doa profetik, kepemimpinan apostolik, pemuridan, dan pembedaan rohani.

Sebagian tokoh ini dikenal luas dalam sejarah kebangunan, pelayanan kesembuhan, Pentakostalisme, dan pembaruan karismatik. Yang lain adalah gembala, mentor, dan pemimpin yang membentuk perjalanan saya sendiri, khususnya di Surabaya dan di dalam City Blessing Churches. Saya menyertakan mereka agar pembaca dapat memahami signifikansi yang lebih luas dan, bila tepat, hubungan pribadi mereka dengan beban di balik buku ini.

HUBUNGAN LAMPIRAN INI DENGAN BAB-BAB BUKU

Beberapa profil berikut secara alami berhubungan dengan bab-bab tertentu. Pembaca dapat kembali kepada lampiran ini ketika sebuah bab menyebutkan seseorang, gerakan, atau arus pelayanan yang memerlukan latar belakang tambahan.

- Bab 1: Asal-Usul—Dari Kisah Para Rasul hingga Pembaruan Modern memperkenalkan sejarah panjang kebangunan dan pembaruan serta merupakan tempat paling alami untuk menghubungkan tokoh-tokoh kebangunan klasik dan modern.

• Bab 2: Ajaran-Ajaran Inti—Kunci yang Yesus Percayakan kepada Gereja-Nya paling langsung berhubungan dengan pelayan yang dikaitkan dengan iman, kesembuhan, pengakuan, otoritas, dan pengharapan karismatik.[1]

• Bab 3: Kritik—Kekhawatiran Injili di Hadapan Nyala Api merupakan bagian tempat pembaca mungkin secara khusus memerlukan latar belakang mengenai pelayanan yang sering dibahas sehubungan dengan kesembuhan, pengajaran kemakmuran, pelayanan profetik, atau kepemimpinan apostolik.[2]

• Bab 6: Nyala Api dalam Komunitas dan Bab 8: Nyala Api dan Kesaksian secara alami berhubungan dengan gembala dan pemimpin yang pelayanannya menekankan kehidupan gereja, misi, belas kasih, pendampingan, dan pelayanan Kerajaan yang praktis.[3]

• Bab 10: Menjaga Nyala Api menyediakan kerangka yang lebih luas untuk membaca setiap tokoh dalam lampiran ini: dengan rasa syukur ketika kasih karunia terlihat dan dengan pengujian ketika doktrin, praktik, atau klaim memerlukan evaluasi alkitabiah yang saksama (1 Tes. 5:21; 1 Yoh. 4:1).[4]

TOKOH-TOKOH HISTORIS DAN GLOBAL

MORRIS CERULLO (1931–2020)

Morris Cerullo adalah penginjil internasional dan pemimpin Pentakostal yang dikenal melalui kebaktian besar, pelayanan kesembuhan, dan konferensi pelatihan yang memanggil orang percaya kepada penginjilan serta pelayanan rohani. Melalui pertemuan publik, media, dan kegiatan kepemimpinan, pengaruhnya menjangkau banyak bangsa. Ia sering mendorong orang percaya menuju iman yang berani, kesaksian yang mendesak, dan pelayanan yang praktis.[5]

Pesan Cerullo menekankan kuasa Allah untuk menyelamatkan, menyembuhkan, dan mengubahkan. Pelayanannya termasuk dalam lingkungan kebangunan dan kesembuhan yang lebih luas, yang dibahas di sepanjang buku ini. Pembaca perlu mempelajari warisannya dengan rasa syukur atas semangat penginjilannya dan dengan pembedaan yang sama yang harus membimbing setiap kajian pelayanan pembaruan.[6]

Sumber yang disarankan: publikasi pelayanan Morris Cerullo; entri biografis dalam karya referensi standar; dan gambaran sejarah para penginjil kesembuhan abad kedua puluh.[7]

KENNETH E. HAGIN (1917–2003)

Kenneth E. Hagin secara luas dipandang sebagai salah satu suara dasar Gerakan Word of Faith modern. Sesudah kesaksiannya sendiri mengenai kesembuhan dan pembaruan rohani, ia mengabdikan banyak bagian pelayanannya untuk mengajarkan iman, kesembuhan, otoritas orang percaya, dan kehidupan dalam Roh. Melalui Rhema Bible Training College, buku, dan pelayanan keliling, pengaruhnya menyebar jauh melampaui Amerika Utara dan membentuk banyak pengajar karismatik serta Word of Faith berikutnya.[8]

Tulisan Hagin menekankan berdiri di atas janji Allah, memahami kedudukan orang percaya di dalam Kristus, dan berjalan dalam kuasa Roh Kudus. Karya seperti The Believer's Authority, Redeemed from Poverty, Sickness, and Spiritual Death, dan Seven Vital Steps to Receiving the Holy Spirit merupakan sumber primer yang penting. Karena pengajarannya berkaitan erat dengan iman, pengakuan, kesembuhan, dan otoritas, karya tersebut perlu dibaca bersama pembahasan membangun dalam Bab 2 dan kritik dalam Bab 3.[9]

Sumber yang disarankan: Kenneth E. Hagin, The Believer's Authority; Redeemed from Poverty, Sickness, and Spiritual Death; Seven Vital Steps to Receiving the Holy Spirit; serta pengantar biografis dalam Kenneth E. Hagin: The Life, Teachings, and Times of a Great Mountain Moving Giant of Faith.[10]

BENNY HINN

Benny Hinn adalah penginjil, penulis, dan pelayan kesembuhan yang dikenal melalui kebaktian mukjizat besar serta pelayanan televisi global. Pelayanannya memperkenalkan banyak khalayak karismatik kepada tema kesembuhan, urapan, dan kehadiran Roh Kudus melalui pertemuan massal, siaran, dan buku populer.[11]

Tulisan Hinn yang paling dikenal, termasuk Good Morning, Holy Spirit, Welcome, Holy Spirit, dan He Touched Me, mencerminkan pendekatan devosional dan pengalaman terhadap karya Roh. Pelayanannya juga menerima pemeriksaan publik dan teologis, khususnya mengenai pengajaran kemakmuran serta klaim mukjizat. Karena itu, karyanya paling baik dipandang sebagai sesuatu yang berpengaruh, tetapi juga memerlukan pengujian alkitabiah yang saksama.[12]

Sumber yang disarankan: Benny Hinn, Good Morning, Holy Spirit; Welcome, Holy Spirit; He Touched Me; serta gambaran biografis utama seperti Encyclopedia Britannica atau kajian profil injili.[13]

KATHRYN KUHLMAN (1907–1976)

Kathryn Kuhlman adalah penginjil kesembuhan abad kedua puluh yang dikenal melalui pertemuan publik besar yang ditandai oleh penyembahan, kesaksian, dan laporan kesembuhan jasmani. Melalui radio, televisi, dan kebaktian kesembuhan di seluruh Amerika Serikat, ia menjadi salah satu tokoh kebangunan perempuan yang paling dikenal pada generasinya.[14]

Pelayanan Kuhlman memberikan penekanan kuat kepada pribadi dan karya Roh Kudus, rasa hormat dalam penyembahan, serta penyerahan kepada hadirat Allah. Pembaca yang ingin memahami kehidupan dan warisannya dapat membaca karya Helen Kooiman Hosier, Jamie Buckingham, Roberts Liardon, dan refleksi Benny Hinn mengenai pengaruh rohaninya.[15]

Sumber yang disarankan: Helen Kooiman Hosier, Kathryn Kuhlman: The Life She Led, the Legacy She Left; Jamie Buckingham, Kathryn Kuhlman: The Woman Behind the Miracles; Roberts Liardon, Kathryn Kuhlman: A Spiritual Biography of God's Miracle Worker;

Benny Hinn, Kathryn Kuhlman: Her Spiritual Legacy and Its Impact on My Life.[16]

ORAL ROBERTS (1918–2009)

Oral Roberts adalah salah satu penginjil kesembuhan paling berpengaruh pada abad kedua puluh dan tokoh besar dalam Kekristenan Pentakostal serta karismatik. Sesudah kesaksiannya mengenai kesembuhan dari tuberkulosis ketika masih muda, ia membangun pelayanan global yang berpusat pada keselamatan, kesembuhan, dan pengajaran yang kemudian dikenal sebagai "seed-faith." Pelayanannya berkembang melalui kebaktian tenda, radio, televisi, Oral Roberts Evangelistic Association, dan pendirian Oral Roberts University.[17]

Roberts menolong membentuk media Kristen modern, khotbah kebangunan, dan pengharapan karismatik mengenai campur tangan ilahi. Tulisan seperti Expect a Miracle: My Life and Ministry, Oral Roberts' Life Story, If You Need Healing Do These Things, dan The Miracle of Seed-Faith menolong pembaca memahami pengaruh sekaligus perdebatan mengenai bagian-bagian pengajarannya.[18]

Sumber yang disarankan: Oral Roberts, Expect a Miracle: My Life and Ministry; Oral Roberts' Life Story; David Edwin Harrell Jr., Oral Roberts: An American Life.[19]

SMITH WIGGLESWORTH (1859–1947)

Smith Wigglesworth adalah penginjil Pentakostal Inggris yang dikenang karena khotbah yang berani, iman yang kuat, dan laporan kesembuhan dramatis. Lahir dalam kemiskinan di Yorkshire dan bertobat ketika masih muda, ia kemudian mengalami baptisan Roh Kudus dan menjadi suara penting dalam pelayanan Pentakostal awal di Inggris dan tempat-tempat lain.[20]

Khotbah dan kesaksian Wigglesworth memanggil orang percaya kepada kepercayaan radikal kepada Kristus, pertobatan, dan keterbukaan terhadap kuasa Roh. Pelayanannya kemudian memengaruhi orang percaya Pentakostal dan karismatik yang memandang iman serta kesembuhan sebagai bagian kehidupan gereja. Pembaca dapat memulai dengan Ever Increasing Faith dan karya George Stormont, Smith Wigglesworth: A Man Who Walked with God.[21]

Sumber yang disarankan: Smith Wigglesworth, Ever Increasing Faith; George Stormont, Smith Wigglesworth: A Man Who Walked with God; serta gambaran biografis singkat dalam ensiklopedia atau referensi Pentakostal standar.[22]

PEMIMPIN APOSTOLIK, PROFETIK, DAN KARISMATIK KONTEMPORER

DR. CHÉ AHN

Ché Ahn adalah gembala Korea-Amerika dan pemimpin apostolik yang dikenal karena menekankan kebangunan, penginjilan, doa, kesembuhan, dan karya Roh Kudus. Bersama istrinya, Sue, ia memimpin Harvest Rock Church di Pasadena, California, dan mendirikan Harvest International Ministry, jaringan apostolik yang menjangkau berbagai bangsa.[23]

Pengajaran Ahn sering menyatukan misi yang dipimpin Roh, pembaruan pribadi, kepemimpinan apostolik, dan pengaruh Kerajaan. Karya seperti Spirit-Led Evangelism dan Modern-Day Apostles berguna untuk memahami posisinya di dalam percakapan karismatik dan apostolik kontemporer.[24]

Sumber yang disarankan: Ché Ahn, Spirit-Led Evangelism; Modern-Day Apostles; biografi resmi pelayanan dan materi Harvest International Ministry.[25]

CINDY JACOBS

Cindy Jacobs adalah pelayan profetik dan pendoa syafaat yang dikenal melalui pelayanan doa global dan kepemimpinannya dalam syafaat profetik. Bersama suaminya, Mike Jacobs, ia mendirikan Generals International, pelayanan yang berfokus pada syafaat, pelayanan profetik, dan transformasi sosial.[26]

Karyanya menekankan mendengar suara Allah, syafaat strategis, dan peran doa dalam terobosan rohani serta transformasi yang lebih luas. Buku seperti The Voice of God dan Possessing the Gates of the Enemy membentuk sebagian gerakan profetik modern dan perlu dibaca dengan penghargaan sekaligus pembedaan alkitabiah.[27]

Sumber yang disarankan: Cindy Jacobs, The Voice of God; Possessing the Gates of the Enemy; serta materi biografis Generals International.[28]

BISHOP BART PIERCE

Bart Pierce adalah gembala dan pemimpin apostolik yang berhubungan dengan Rock City Church di Baltimore, Maryland, serta dengan pelayanan belas kasih dan transformasi kota. Karyanya menekankan kebangunan, kesatuan tubuh Kristus, penjangkauan praktis kepada mereka yang miskin dan rentan, serta ungkapan Kerajaan Allah melalui pembaruan dan belas kasih.[29]

Buku yang berkaitan dengan pelayanannya mencakup Seeking Our Brothers, Cover Me in the Day of Battle, The Bribe of Great Price, The 5-G Shift, dan The Sent, The Removed and The Disqualified. Profilnya secara alami berkaitan dengan tema kehidupan komunitas, kepemimpinan, belas kasih, transformasi kota, dan pengaruh apostolik yang relasional.[30]

Sumber yang disarankan: biografi pelayanan resmi; materi Rock City Church; dan buku pelayanan karya Bart Pierce.[31]

DR. C. PETER WAGNER (1930–2016)

C. Peter Wagner adalah misiolog, profesor seminari, dan pemimpin berpengaruh dalam gerakan pertumbuhan gereja serta karismatik pada akhir abad kedua puluh. Ia melayani sebagai misionaris di Bolivia dan kemudian mengajar di Fuller Theological Seminary, tempat karyanya menghubungkan pertumbuhan gereja, misi, peperangan rohani, dan apa yang disebutnya "Gelombang Ketiga" Roh Kudus. Pada tahun-tahun terakhirnya, ia berkaitan erat dengan New Apostolic Reformation dan pembahasan yang lebih luas mengenai kepemimpinan apostolik dalam gereja kontemporer.[32]

Pengaruh Wagner melampaui misiologi akademis menuju jaringan pelayanan, pelatihan kepemimpinan, gerakan doa, dan lingkungan pembaruan karismatik. Tulisannya membahas pertumbuhan gereja, peperangan rohani, pemerintahan apostolik, dan gerakan Roh kontemporer. Memoarnya Wrestling with Alligators, Prophets and Theologians merupakan titik awal yang berguna untuk memahami pergeseran yang diwakili dan dibentuk olehnya.[33]

Sumber yang disarankan: C. Peter Wagner, Wrestling with Alligators, Prophets and Theologians; biografi standar dan kajian gerakan mengenai pertumbuhan gereja, Gelombang Ketiga, dan New Apostolic Reformation.[34]

TOKOH-TOKOH DALAM KONTEKS PELAYANAN LANGSUNG SAYA

PDT. ANDREAS RAHARDJO

Andreas Rahardjo adalah gembala dan pengajar Indonesia yang berkaitan dengan MDC Surabaya. Khotbahnya menekankan pemuridan praktis, mendengar suara Allah, kedewasaan rohani, doa, ketaatan, kepekaan terhadap Roh Kudus, dan pertumbuhan dalam karakter Kristen.[35]

Ia juga berdiri dalam kesinambungan warisan pelayanan Yeremia Rim. Dalam perjalanan saya sendiri, Andreas Rahardjo mewakili suara pengajaran yang penting sekaligus kelanjutan pastoral dari arus pelayanan yang menolong membentuk kehidupan rohani saya sesudah Surabaya.[36]

Sumber yang disarankan: khotbah dan materi pelayanan MDC Surabaya; arsip media gereja; hubungan pelayanan pribadi dan pengalaman langsung.[37]

DR. PAUL TAN

Dr. Paul Tan adalah gembala, pemimpin apostolik, dan pengorganisasi pelayanan yang berkaitan dengan City Blessing Churches di California serta pelayanan internasional dalam belas kasih, jaringan gereja, dan pengembangan kepemimpinan. Ia melayani sebagai Gembala Senior City Blessing Churches dan oleh pelayanannya disebut sebagai Rasul bagi City Blessing Churches Worldwide. Karyanya juga menjangkau prakarsa belas kasih dalam pendidikan, bantuan, dan pengembangan komunitas di Indonesia serta bangsa-bangsa lain.[38]

Pelayanannya menyatukan pembaruan karismatik, belas kasih, kepemimpinan lintas budaya, dan pelayanan Kerajaan yang praktis. Dalam pengalaman saya, Paul Tan bukan hanya tokoh pelayanan publik, tetapi juga bagian jaringan hubungan langsung yang telah menguatkan serta mendorong para pemimpin di dalam City Blessing Church. Kehadirannya di sini mencerminkan pelayanan publik sekaligus pengaruh pribadinya terhadap lingkungan kepemimpinan tempat saya melayani.[39]

Sumber yang disarankan: profil kepemimpinan City Blessing Church; materi pelayanan City Blessing; hubungan pelayanan langsung dan pengetahuan pribadi.[40]

PDT. YEREMIA RIM

Yeremia Rim adalah gembala karismatik dan pemimpin kebangunan Indonesia yang pelayanannya membentuk bagian penting gereja Indonesia, khususnya di Surabaya dan di antara komunitas diaspora. Ia dikenang sebagai salah satu gembala awal yang berkaitan dengan Masa Depan Cerah dan sebagai suara dalam pertemuan pembaruan karismatik yang menggugah banyak orang percaya menuju pertobatan, kelaparan rohani, dan keterbukaan kepada Roh Kudus.[41]

Bagi saya, Yeremia Rim bukan hanya bagian sejarah pembaruan Indonesia. Ia adalah gembala saya selama tahun-tahun di Surabaya. Hubungan pastoral pribadi tersebut memberikan bobot khusus kepada kehadirannya dalam lampiran ini dan menjelaskan mengapa pelayanannya menjadi bagian latar belakang hidup di balik buku ini.[42]

Sumber yang disarankan: video biografis dan kesaksian Indonesia yang tersedia; materi sejarah gereja; hubungan pastoral pribadi dan pengalaman langsung.[43]

MEMBACA TOKOH-TOKOH INI DENGAN BIJAKSANA

Tujuan lampiran ini bukan menempatkan setiap tokoh pada tingkat teologis yang sama atau menyarankan agar masing-masing diikuti tanpa batasan. Tujuannya lebih sederhana: menolong pembaca memahami pribadi, gerakan, dan konteks pelayanan yang muncul dalam buku ini (1 Kor. 3:5–7).[44]

Sebagian tokoh paling tepat dipandang sebagai saksi sejarah pembaruan. Yang lain menjadi contoh berguna mengenai kekuatan, penekanan, atau beban pastoral tertentu. Tokoh lainnya memerlukan kehati-hatian yang lebih tegas karena kontroversi teologis, sikap metodologis yang berlebihan, atau pertanyaan yang belum terselesaikan (1 Tes. 5:21; 1 Yoh. 4:1). Dalam setiap keadaan, standarnya tetap sama: Yesus Kristus adalah pusat, Kitab Suci adalah otoritas, dan setiap gerakan atau pelayan akhirnya harus diuji berdasarkan kebenaran, kerendahan hati, kekudusan, serta buah ketaatan (Kol. 1:18; 2 Tim. 3:16–17; Mat. 7:16–20).[45]

CATATAN LAMPIRAN F

1. Panduan yang menghubungkan Bab 2 dengan pelayan yang pengajarannya secara khusus membentuk pembahasan iman, kesembuhan, pengakuan, dan otoritas.

2. Panduan yang menghubungkan Bab 3 dengan tokoh yang sering dibahas dalam kritik injili terhadap gerakan kesembuhan, kemakmuran, profetik, dan apostolik.

3. Panduan yang menghubungkan Bab 6 dan 8 dengan pemimpin yang dikenal melalui komunitas, misi, belas kasih, dan pelayanan praktis.

4. Aturan penafsiran bagi Lampiran F: memberikan penghargaan apabila tepat, tetapi selalu diatur oleh pengujian alkitabiah.

5. Ringkasan pengaruh global Morris Cerullo dalam penginjilan dan pelatihan.

6. Pedoman bahwa Cerullo harus dibaca dalam konteks pelayanan kebangunan dan kesembuhan yang lebih luas dengan pembedaan.

7. Daftar sumber yang disarankan untuk kajian Morris Cerullo.

8. Ringkasan peran dasar Kenneth E. Hagin dalam Gerakan Word of Faith.

9. Rekomendasi agar Hagin dibaca sebagai suara primer gerakan bersama evaluasi yang menghargai sekaligus kritis.

10. Daftar sumber yang disarankan untuk kajian Kenneth E. Hagin.

11. Ringkasan pengaruh pelayanan publik Benny Hinn dalam kesembuhan dan media karismatik yang berpusat pada Roh Kudus.

12. Pedoman seimbang bahwa tulisan Benny Hinn perlu dibaca sebagai sumber karismatik yang berpengaruh, tetapi ditimbang dengan saksama.

13. Daftar sumber yang disarankan untuk kajian Benny Hinn.

14. Ringkasan pelayanan kesembuhan publik dan pengaruh kebangunan Kathryn Kuhlman.

15. Penjelasan penekanan Kathryn Kuhlman pada Roh Kudus dan sumber-sumber biografi utama.

16. Daftar sumber yang disarankan untuk kajian Kathryn Kuhlman.

17. Ringkasan signifikansi Oral Roberts dalam penginjilan kesembuhan, pelayanan media, dan perluasan karismatik.

18. Rekomendasi tulisan Oral Roberts sebagai sumber utama untuk memahami pengaruh sekaligus kontroversinya.

19. Daftar sumber yang disarankan untuk kajian Oral Roberts.

20. Ringkasan pentingnya Smith Wigglesworth dalam sejarah pelayanan kesembuhan Pentakostal awal.

21. Rekomendasi khotbah dan biografi Wigglesworth bagi pembaca yang mempelajari pembaruan Pentakostal dan iman kesembuhan.

22. Daftar sumber yang disarankan untuk kajian Smith Wigglesworth.

23. Ringkasan profil kepemimpinan apostolik dan kebangunan Ché Ahn.

24. Rekomendasi tulisan Ché Ahn sebagai sumber apostolik-karismatik yang representatif.

25. Daftar sumber yang disarankan untuk kajian Ché Ahn.

26. Ringkasan profil pelayanan profetik dan syafaat Cindy Jacobs.

27. Rekomendasi buku Cindy Jacobs sebagai teks berpengaruh dari gerakan profetik dan syafaat.

28. Daftar sumber yang disarankan untuk kajian Cindy Jacobs.

29. Ringkasan pelayanan Bart Pierce dalam kebangunan, belas kasih, dan transformasi kota.

30. Rekomendasi tulisan pelayanan Bart Pierce bagi pembaca yang tertarik kepada kepemimpinan, belas kasih, dan pelayanan Kerajaan.

31. Daftar sumber yang disarankan untuk kajian Bart Pierce.

32. Ringkasan signifikansi C. Peter Wagner dalam pembahasan pertumbuhan gereja, Gelombang Ketiga, dan gerakan apostolik.

33. Rekomendasi tulisan Wagner sebagai sumber penting untuk memahami perkembangan praktis gerakan karismatik dan apostolik.

34. Daftar sumber yang disarankan untuk kajian C. Peter Wagner.

35. Profil Andreas Rahardjo sebagai gembala-pengajar yang menekankan pemuridan dan kedewasaan.

36. Penjelasan konteks pribadi mengenai peran pelayanan Andreas Rahardjo yang membentuk.

37. Daftar sumber yang disarankan untuk konteks Andreas Rahardjo.

38. Profil Paul Tan sebagai pemimpin jaringan City Blessing dan pelayanan belas kasih yang berkaitan.

39. Penjelasan konteks pribadi mengenai relevansi Paul Tan terhadap lingkungan pelayanan di balik buku ini.

40. Daftar sumber yang disarankan untuk konteks Paul Tan.

41. Profil Yeremia Rim sebagai tokoh penting dalam pembaruan karismatik Indonesia.

42. Penjelasan konteks pribadi mengenai pengaruh pastoral Yeremia Rim.

43. Daftar sumber yang disarankan untuk konteks Yeremia Rim.

44. Penjelasan bahwa Lampiran F bersifat deskriptif dan memberikan orientasi, bukan dukungan yang sama terhadap semua tokoh.

45. Aturan penutup untuk membaca seluruh tokoh pembaruan di bawah Kristus dan Kitab Suci.

BIBLIOGRAFI

Ahn, Ché. Spirit-Led Evangelism. Ventura, CA: Regal Books, 2008.

Ahn, Ché. Modern-Day Apostles. Shippensburg, PA: Destiny Image Publishers, 2007.

Akiri, Mwita. "The Prosperity Gospel: Its Theology, Challenges, and Opportunities." Wycliffe College, October 23, 2018.

Asamoah-Gyadu, J. Kwabena. "The Prosperity Gospel and Its Challenge to Mission in Our Time." Lausanne Global Analysis, July 2014.

Bonhoeffer, Dietrich. The Cost of Discipleship. Translated by R. H. Fuller, with revisions by Irmgard Booth. Rev. and unabridged ed. New York: Macmillan, 1959.

Bounds, E. M. Power through Prayer. 1912. Reprint, Grand Rapids, MI: Baker Book House, 1972.

Bowler, Kate. Blessed: A History of the American Prosperity Gospel. New York: Oxford University Press, 2013.

Cho, David Yonggi. The Fourth Dimension. Vols. 1–2. Plainfield, NJ: Logos International, 1979; South Plainfield, NJ: Bridge Publishing, 1983.

Cho, David Yonggi. The Holy Spirit, My Senior Partner. Altamonte Springs, FL: Creation House, 1989.

Ferguson, Sinclair B. The Holy Spirit. Contours of Christian Theology. Downers Grove, IL: InterVarsity Press, 1996.

Finney, Charles G. Lectures on Revivals of Religion. New York: Leavitt, Lord & Co.; Boston: Crocker & Brewster, 1835.

Foster, Richard J. Celebration of Discipline: The Path to Spiritual Growth. San Francisco: Harper & Row, 1978.

Grudem, Wayne A. Systematic Theology: An Introduction to Biblical Doctrine. Grand Rapids, MI: Zondervan, 1994.

Harrell, David Edwin, Jr. Oral Roberts: An American Life. Bloomington: Indiana University Press, 1985.

Hagin, Kenneth E. What Faith Is. Tulsa, OK: Faith Library Publications, 1966.

Hagin, Kenneth E. Bible Faith Study Course. Tulsa, OK: Faith Library Publications, 1991.

Hagin, Kenneth E. The Believer's Authority. Tulsa, OK: Faith Library Publications, 1967.

Hagin, Kenneth E. Redeemed from Poverty, Sickness, and Spiritual Death. Tulsa, OK: Faith Library Publications, 1966.

Hagin, Kenneth E. Seven Vital Steps to Receiving the Holy Spirit. Tulsa, OK: Faith Library Publications, 1967.

Hagin, Kenneth E. Bible Healing Study Course. Tulsa, OK: Faith Library Publications, 1999.

Hamon, Bill. The Eternal Church: A Provocative Look at the Past, Present, and Future of the Church. Santa Rosa Beach, FL: Christian International Publishers, 1981.

Hamon, Bill. Prophets, Pitfalls, and Principles: God's Prophetic People Today. Vol. 3, The Prophets Series. Shippensburg, PA: Destiny Image Publishers, 1991.

Hinn, Benny. Kathryn Kuhlman: Her Spiritual Legacy and Its Impact on My Life. Nashville, TN: Thomas Nelson, 1999.

Hinn, Benny. Good Morning, Holy Spirit. Nashville, TN: Thomas Nelson, 1990.

Hinn, Benny. Welcome, Holy Spirit. Nashville, TN: Thomas Nelson, 1994.

Hinn, Benny. He Touched Me. Nashville, TN: Thomas Nelson, 1999.

The Holy Bible, New King James Version. Nashville: Thomas Nelson, 1982.

Jackson, Robert. "Prosperity Theology and the Faith Movement." Themelios 15, no. 1 (1989).

Jacobs, Cindy. Possessing the Gates of the Enemy: A Training Manual for Militant Intercession. Tarrytown, NY: Chosen Books, 1991.

Jacobs, Cindy. Invading the Enemy's Strongholds: Targeted Intercession That Unleashes Revival, Awakening, and Reformation. Shippensburg, PA: Destiny Image Publishers, 2023.

Jacobs, Cindy. The Voice of God: How God Speaks Personally and Corporately to His Children Today. Ventura, CA: Regal Books, 1995.

King, Paul L. Only Believe: Examining the Origin and Development of Classic and Contemporary Word of Faith Theologies. Tulsa, OK: Word & Spirit Press, 2008.

Kuhlman, Kathryn. I Believe in Miracles. Englewood Cliffs, NJ: Prentice-Hall, 1962.

Liardon, Roberts. Kathryn Kuhlman: A Spiritual Biography of God's Miracle Worker. Tulsa, OK: Albury Publishing, 1996.

Hosier, Helen Kooiman. Kathryn Kuhlman: The Life She Led, the Legacy She Left. Old Tappan, NJ: Fleming H. Revell, 1976.

Buckingham, Jamie. Kathryn Kuhlman: The Woman Behind the Miracles. Plainfield, NJ: Logos International, 1976.

Roberts, Oral. Expect a Miracle: My Life and Ministry. Nashville, TN: Thomas Nelson, 1995.

Roberts, Oral. The Miracle of Seed-Faith. Tulsa, OK: Oral Roberts Evangelistic Association, 1970.

Roberts, Oral. If You Need Healing Do These Things. Tulsa, OK: Oral Roberts Evangelistic Association, 1950.

Stormont, George. Smith Wigglesworth: A Man Who Walked with God. Tulsa, OK: Harrison House, 1989.

Lausanne Committee for World Evangelization. The Lausanne Covenant. Lausanne, Switzerland, 1974.

MacArthur, John F., Jr. Charismatic Chaos. Grand Rapids, MI: Zondervan, 1992.

MacGregor, Kirk R. "The Word-Faith Movement: A Theological Conflation of the Nation of Islam and Mormonism?" Journal of the American Academy of Religion 75, no. 1 (March 2007): 87–120.

McConnell, D. R. A Different Gospel: Biblical and Historical Insights into the Word of Faith Movement. Updated ed. Peabody, MA: Hendrickson Publishers, 1995.

Morris, Russell Alexander. "A Biblical and Theological Analysis of Specific Tenets of Word of Faith Theology: Pastoral Implications for the Church of God." PhD diss., South African Theological Seminary, 2012.

Muriithi, Kevin. "Prosperity Doctrine Isn't Just Wrong—It's Harmful." TGC Africa, August 19, 2023.

Pratney, Winkie. Revival: Principles to Change the World. North Charleston, SC: CreateSpace Independent Publishing Platform, 2010.

Tozer, A. W. The Pursuit of God. Harrisburg, PA: Christian Publications, 1948.

Tetsola, John A. Satanic Snares and Its Traps. Bronx, NY: Baruch Publishing / Ecclesia Word Ministries International, 2021.

Tetsola, John A. The School of the Spirit Manual. Bronx, NY: Baruch Publishing / Ecclesia Word Ministries International, 2022.

Wagner, C. Peter. Warfare Prayer: How to Seek God's Power and Protection in the Battle to Build His Kingdom. Ventura, CA: Regal Books, 1992.

Wagner, C. Peter. Confronting the Powers: How the New Testament Church Experienced the Power of Strategic-Level Spiritual Warfare. Ventura, CA: Regal Books, 1996.

Wagner, C. Peter. Wrestling with Alligators, Prophets and Theologians: Lessons from a Lifetime in the Church. Ventura, CA: Regal Books, 2010.

Warfield, B. B. Counterfeit Miracles. 1918. Reprint, Edinburgh: Banner of Truth Trust, 1972.

Wigglesworth, Smith. Ever Increasing Faith. Springfield, MO: Gospel Publishing House, 1924.

TENTANG PENULIS

Dr. Danny Hermanus, DIT, Ph.D., adalah penulis Kristen dan bidang teknologi informasi, pemimpin pelayanan, serta profesional teknologi yang kehidupan dan karyanya dibentuk oleh komitmen mendalam kepada Yesus Kristus, otoritas Kitab Suci, dan karya pembaruan Roh Kudus. Perjalanan imannya dimulai ketika masih remaja melalui sebuah traktat Injil sederhana, kemudian diperdalam melalui baptisan Roh Kudus di Surabaya, dan selanjutnya ditandai oleh pengalaman pembaruan yang turut membentuk beban rohani di balik buku ini.

Di samping panggilan pelayanannya, Dr. Hermanus memiliki pengalaman puluhan tahun dalam teknologi, infrastruktur perusahaan, jaringan, dan keamanan siber. Ia pernah melayani dalam jabatan senior di bidang rekayasa dan keamanan dalam lingkungan organisasi yang kompleks. Latar belakang profesionalnya mencakup implementasi sistem berskala besar, arsitektur jaringan, dan kepemimpinan keamanan informasi. Pengalaman tersebut memberinya pendekatan yang disiplin dan analitis, yang juga membentuk tulisan serta pengajarannya.

Dr. Hermanus memperoleh gelar Doctor of Information Technology dari Walden University, Ph.D. dalam Biblical Studies dari Masters International University of Divinity, gelar magister dalam Network Architecture dari Capella University, dan sarjana Teknik Komputer dari Institut Teknologi Sepuluh Nopember. Pembentukan akademis dan pelayanannya mencerminkan pencarian seumur hidup terhadap kedalaman rohani sekaligus ketelitian intelektual.

Dalam pelayanan, ia terlibat dalam khotbah, doa kesembuhan, kepemimpinan pastoral, dan pemuridan berbasis gereja, termasuk pelayanan di lingkungan City Blessing Churches di California. Selama bertahun-tahun, ia membawa kerinduan yang konsisten untuk melihat orang percaya dikuatkan dalam iman, berakar dalam kebenaran, terbuka kepada Roh Kudus, dan diperlengkapi untuk hidup sebagai saksi Yesus Kristus yang dewasa.

Memulihkan Nyala Api lahir dari beban tersebut. Dalam halaman-halaman ini, Dr. Hermanus menulis bukan hanya sebagai peneliti atau pengajar, melainkan sebagai orang percaya yang dibentuk oleh kesaksian, kepedulian pastoral, refleksi teologis, dan kerinduan untuk melihat gereja diperbarui dalam kerendahan hati, kekudusan, pembedaan rohani, serta kuasa yang berpusat pada Kristus.

Ia menetap di California bersama istrinya, Rima, menghargai waktu bersama anak-anak dan cucu-cucunya, serta menikmati badminton, pickleball, catur daring, gitar, dan belajar menggambar. Doanya adalah agar buku ini menolong pembaca kembali kepada Yesus Kristus, mengasihi Firman-Nya, menyambut Roh Kudus, dan hidup dengan nyala api yang dipulihkan serta menyala terang dalam kesaksian yang setia.

www.ingramcontent.com/pod-product-compliance
Lightning Source LLC
LaVergne TN
LVHW100146061126
851857LV00010B/258